*Das 1. Geschichtsbuch
aus dem Alten Testament der Bibel*

Das Buch Josua

*Vom Einzug des Volkes Israel
in das von Gott versprochene Land
und den Mahnungen Josuas
zum Gehorsam gegenüber Gottes Geboten,
um die Menschen vor Schaden zu bewahren*

Übersetzung nach
Martin Luther 1545

Bibliografische Information der Deutschen Nationalbibliothek:
Die Deutsche Nationalbibliothek verzeichnet diese Publikation in der Deutschen Nationalbibliografie; detaillierte bibliografische Daten sind im Internet über http://dnb.dnb.de abrufbar.

TWENTYSIX – Der Self-Publishing-Verlag
Eine Kooperation zwischen der Verlagsgruppe Random House und BoD – Books on Demand

Herstellung und Verlag:
BoD – Books on Demand, Norderstedt

ISBN: 978-3-740-76941-3

Übersetzung: **Martin Luther 1545**

Layout, Schriftsatz, Formatierung:
Antonia Katharina Tessnow
www.antonia-katharina.de

1. Kapitel

*Josua wird von Gott
in seinem Beruf gestärkt.
Das Volk verspricht ihm Gehorsam.*

1 Nach dem Tode Mose's, des Knechts des HERRN, sprach der HERR zu Josua, dem Sohn Nuns, Mose's Diener:

2 Mein Knecht Mose ist gestorben; so mache dich nun auf und zieh über den Jordan, du und dies ganze Volk, in das Land, das ich ihnen, den Kindern Israel, gegeben habe.

3 Alle Stätten, darauf eure Fußsohlen treten werden, habe ich euch gegeben, wie ich Mose geredet habe.

4 Von der Wüste an und diesem Libanon bis an das große Wasser Euphrat, das ganze Land der Hethiter, bis an das große Meer gegen Abend sollen eure Grenzen sein.

5 Es soll dir niemand widerstehen dein Leben lang. Wie ich mit Mose gewesen bin, also will ich auch mit dir sein. Ich will

dich nicht verlassen noch von dir weichen.

6 Sei getrost und unverzagt; denn du sollst diesem Volk das Land austeilen, das ich ihren Vätern geschworen habe, daß ich's ihnen geben wollte.

7 Sei nur getrost und sehr freudig, daß du haltest und tust allerdinge nach dem Gesetz, das dir Mose, mein Knecht, geboten hat. Weiche nicht davon, weder zur Rechten noch zur Linken, auf daß du weise handeln mögest in allem, was du tun sollst.

8 Und laß dieses Buch des Gesetzes nicht von deinem Munde kommen, sondern betrachte es Tag und Nacht, auf daß du haltest und tust allerdinge nach dem, was darin geschrieben steht. Alsdann wird es dir gelingen in allem, was du tust, und wirst weise handeln können.

9 Siehe, ich habe dir geboten, daß du getrost und freudig seist. Laß dir nicht grauen und entsetze dich nicht; denn der HERR, dein Gott, ist mit dir in allem, was du tun wirst.

10 Da gebot Josua den Hauptleuten des

Volks und sprach:

11 Geht durch das Lager und gebietet dem Volk und sprecht: Schafft euch Vorrat; denn über drei Tage werdet ihr über diesen Jordan gehen, daß ihr hineinkommt und das Land einnehmt, daß euch der HERR, euer Gott, geben wird.

12 Und zu den Rubenitern, Gaditern und dem halben Stamm Manasse sprach Josua:

13 Gedenket an das Wort, das euch Mose, der Knecht des HERRN, sagte und sprach: Der HERR, euer Gott, hat euch zur Ruhe gebracht und dies Land gegeben.

14 Eure Weiber und Kinder und Vieh laßt in dem Lande bleiben, das euch Mose gegeben hat, diesseit des Jordans; ihr aber sollt vor euren Brüdern her ziehen gerüstet, was streitbare Männer sind, und ihnen helfen,

15 bis daß der HERR eure Brüder auch zur Ruhe bringt wie euch, daß sie auch einnehmen das Land, das ihnen der HERR, euer Gott, geben wird. Alsdann sollt ihr wieder umkehren in euer Land, das euch Mose, der Knecht des HERRN,

gegeben hat zu besitzen diesseit des Jordans, gegen der Sonne Aufgang.

16 Und sie antworteten Josua und sprachen: Alles, was du uns geboten hast, das wollen wir tun; und wo du uns hinsendest, da wollen wir hin gehen.

17 Wie wir Mose gehorsam sind gewesen, so wollen wir dir auch gehorsam sein; allein, daß der HERR, dein Gott, nur mit dir sei, wie er mit Mose war.

18 Wer deinem Mund ungehorsam ist und nicht gehorcht deinen Worten in allem, was du uns gebietest, der soll sterben. Sei nur getrost und unverzagt!

2. Kapitel

Rahab rettet zwei israelitische Kundschafter in Jericho gegen das Versprechen, mit ihrer Familie verschont zu werden.

1 Josua aber, der Sohn Nuns, hatte zwei Kundschafter heimlich ausgesandt von Sittim und ihnen gesagt: Geht hin, beseht das Land und Jericho. Die gingen hin und

kamen in das Haus einer Hure, die hieß Rahab, und kehrten zu ihr ein.

2 Da ward dem König von Jericho gesagt: Siehe, es sind in dieser Nacht Männer hereingekommen von den Kindern Israel, das Land zu erkunden.

3 Da sandte der König zu Jericho zu Rahab und ließ ihr sagen: Gib die Männer heraus, die zu dir in dein Haus gekommen sind; denn sie sind gekommen, das ganze Land zu erkunden.

4 Aber das Weib verbarg die zwei Männer und sprach also: Es sind ja Männer zu mir hereingekommen; aber ich wußte nicht, woher sie waren.

5 Und da man die Tore wollte zuschließen, da es finster war, gingen sie hinaus, daß ich nicht weiß, wo sie hingegangen sind. Jagt ihnen eilend nach, denn ihr werdet sie ergreifen.

6 Sie aber ließ sie auf das Dach steigen und verdeckte sie unter die Flachsstengel, die sie auf dem Dache ausgebreitet hatte.

7 Aber die Männer jagten ihnen nach auf dem Wege zum Jordan bis an die Furt;

und man schloß das Tor zu, da die hinaus waren, die ihnen nachjagten.

8 Und ehe denn die Männer sich schlafen legten, stieg sie zu ihnen hinauf auf das Dach

9 und sprach zu ihnen: Ich weiß, daß der HERR euch das Land gegeben hat; denn ein Schrecken ist über uns gefallen vor euch, und alle Einwohner des Landes sind feig geworden.

10 Denn wir haben gehört, wie der HERR hat das Wasser im Schilfmeer ausgetrocknet vor euch her, da ihr aus Ägypten zoget, und was ihr den zwei Königen der Amoriter, Sihon und Og, jenseit des Jordans getan habt, wie ihr sie verbannt habt.

11 Und seit wir solches gehört haben, ist unser Herz verzagt und ist kein Mut mehr in jemand vor euch; denn der HERR, euer Gott, ist Gott oben im Himmel und unten auf Erden.

12 So schwört mir nun bei dem HERRN, daß, weil ich an euch Barmherzigkeit getan habe, ihr auch an meines Vaters Hause Barmherzigkeit tut; und gebt mir ein gewisses Zeichen,

13 daß ihr leben lasset meinen Vater, meine Mutter, meine Brüder und meine Schwestern und alles, was sie haben, und errettet unsere Seelen vom Tode.

14 Die Männer sprachen zu ihr: Tun wir nicht Barmherzigkeit und Treue an dir, wenn uns der HERR das Land gibt, so soll unsere Seele für euch des Todes sein, sofern du unser Geschäft nicht verrätst.

15 Da ließ sie dieselben am Seil durchs Fenster hernieder; denn ihr Haus war an der Stadtmauer, und sie wohnte auch auf der Mauer.

16 Und sie sprach zu ihnen: Geht auf das Gebirge, daß euch nicht begegnen, die euch nachjagen, und verbergt euch daselbst drei Tage, bis daß sie wiederkommen, die euch nachjagen; darnach geht eure Straße.

17 Die Männer aber sprachen zu ihr: Wir wollen aber des Eides los sein, den du von uns genommen hast,

18 wenn wir kommen ins Land und du nicht dies rote Seil in das Fenster knüpfst, womit du uns herniedergelassen hast, und zu dir ins Haus versammelst deinen Vater, deine Mutter, deine Brüder und

deines Vaters ganzes Haus.

19 Und wer zur Tür deines Hauses herausgeht, des Blut sei auf seinem Haupt, und wir unschuldig; aber aller, die in deinem Hause sind, so eine Hand an sie gelegt wird, so soll ihr Blut auf unserm Haupt sein.

20 Und so du etwas von diesem unserm Geschäft wirst aussagen, so wollen wir des Eides los sein, den du von uns genommen hast.

21 Sie sprach: Es sei, wie ihr sagt, und ließ sie gehen. Und sie gingen hin. Und sie knüpfte das rote Seil ins Fenster.

22 Sie aber gingen hin und kamen aufs Gebirge und blieben drei Tage daselbst, bis daß die wiederkamen, die ihnen nachjagten. Denn sie hatten sie gesucht auf allen Straßen, und doch nicht gefunden.

23 Also kehrten die zwei Männer wieder und gingen vom Gebirge und fuhren über und kamen zu Josua, dem Sohn Nuns, und erzählten ihm alles, wie sie es gefunden hatten,

24 und sprachen zu Josua: Der HERR hat uns alles Land in unsre Hände gegeben;

so sind auch alle Einwohner des Landes feig vor uns.

3. Kapitel

*Israel geht trockenen Fußes
durch den Jordan.*

1 Und Josua machte sich früh auf, und sie zogen aus Sittim und kamen an den Jordan, er und alle Kinder Israel, und blieben daselbst über Nacht, ehe sie hinüberzogen.

2 Nach drei Tagen aber gingen die Hauptleute durchs Lager

3 und geboten dem Volk und sprachen: Wenn ihr sehen werdet die Lade des Bundes des HERRN, eures Gottes, und die Priester aus den Leviten sie tragen, so ziehet aus von eurem Ort und folgt ihr nach.

4 Doch daß zwischen euch und ihr Raum sei bei zweitausend Ellen. Ihr sollt nicht zu ihr nahen, auf daß ihr wisset, auf welchem Weg ihr gehen sollt; denn ihr seid den Weg bisher nicht gegangen.

5 Und Josua sprach zu dem Volk: Heiligt euch; denn morgen wird der HERR ein Wunder unter euch tun.

6 Und zu den Priestern sprach er: Tragt die Lade des Bundes und geht vor dem Volk her. Da trugen sie die Lade des Bundes und gingen vor dem Volk her.

7 Und der HERR sprach zu Josua: Heute will ich anfangen, dich groß zu machen vor dem ganzen Israel, daß sie wissen, wie ich mit Mose gewesen bin, also sei ich auch mit dir.

8 Und du gebiete den Priestern, die die Lade des Bunde tragen, und sprich: Wenn ihr kommt vorn ins Wasser des Jordans, so steht still.

9 Und Josua sprach zu den Kindern Israel: Herzu! und Hört die Worte des HERRN, eures Gottes!

10 Und sprach: Dabei sollt ihr merken, daß ein lebendiger Gott unter euch ist, und daß er vor euch austreiben wird die Kanaaniter, Hethiter, Heviter, Pheresiter, Girgasiter, Amoriter und Jebusiter.

11 Siehe, die Lade des Bundes des Herrschers über alle Welt wird vor euch her gehen in den Jordan.

12 So nehmt nun zwölf aus den Stämmen Israels, aus jeglichem Stamm einen.

13 Wenn dann die Fußsohlen der Priester, die des HERRN Lade, des Herrschers über alle Welt, tragen, in des Jordans Wasser sich lassen, so wird das Wasser, das von oben herabfließt im Jordan, abreißen, daß es auf einem Haufen stehen bleibe.

14 Da nun das Volk auszog aus seinen Hütten, daß sie über den Jordan gingen, und die Priester die Lade des Bundes vor dem Volk her trugen

15 und an den Jordan kamen und ihre Füße vorn ins Wasser tauchten (der Jordan aber war voll an allen seinen Ufern die ganze Zeit der Ernte),

16 da stand das Wasser, das von oben herniederkam, aufgerichtet auf einem Haufen, sehr ferne, bei der Stadt Adam, die zur Seite Zarthans liegt; aber das Wasser das zum Meer hinunterlief, zum Salzmeer, das nahm ab und verfloß. Also ging das Volk hinüber, Jericho gegenüber.

17 Und die Priester, die die Lade des Bundes des HERRN trugen, standen still

im Trockenen mitten im Jordan. Und ganz Israel ging trocken durch, bis das ganze Volk alles über den Jordan kam.

4. Kapitel

Denksteine des wunderbaren Durchgangs durch den Jordan.

1 Da nun das Volk ganz über den Jordan gegangen war, sprach der HERR zu Josua:

2 Nehmt euch zwölf Männer, aus jeglichem Stamm einen,

3 und gebietet ihnen und sprecht: Hebt auf aus dem Jordan zwölf Steine von dem Ort, da die Füße der Priester stillgestanden sind, und bringt sie mit euch hinüber, daß ihr sie in der Herberge laßt, da ihr diese Nacht herbergen werdet.

4 Da rief Josua die zwölf Männer, die er verordnet hatte aus den Kindern Israel, aus jeglichem Stamm einen,

5 und sprach zu ihnen: Geht hinüber vor die Lade des HERRN, eures Gottes, mitten

in den Jordan und hebe ein jeglicher einen Stein auf seine Achsel, nach der Zahl der Stämme der Kinder Israel,

6 daß sie ein Zeichen seien unter euch. Wenn eure Kinder hernach ihre Väter fragen werden und sprechen: Was tun diese Steine da?

7 so sollt ihr ihnen sagen: Weil das Wasser des Jordans abgerissen ist vor der Lade des Bundes des HERRN, da sie durch den Jordan ging, sollen diese Steine den Kindern Israels ein ewiges Gedächtnis sein.

8 Da taten die Kinder Israel, wie ihnen Josua geboten hatte, und trugen zwölf Steine mitten aus dem Jordan, wie der HERR zu Josua gesagt hatte, nach der Zahl der Stämme der Kinder Israel, und brachten sie mit sich hinüber in die Herberge und ließen sie daselbst.

9 Und Josua richtete zwölf Steine auf mitten im Jordan, da die Füße der Priester gestanden waren, die die Lade des Bundes trugen; die sind noch daselbst bis auf diesen Tag.

10 Denn die Priester, die die Lade trugen, standen mitten im Jordan, bis daß

alles ausgerichtet ward, was der HERR dem Josua geboten hatte. Und das Volk eilte und ging hinüber.

11 Da nun das Volk ganz hinübergegangen war, da ging die Lade des HERRN auch hinüber und die Priester vor dem Volk her.

12 Und die Rubeniter und Gaditer und der halbe Stamm Manasse gingen gerüstet vor den Kindern Israel her, wie Mose zu ihnen geredet hatte.

13 Bei vierzigtausend Gerüstete zum Heer gingen vor dem HERRN zum Streit auf das Gefilde Jerichos.

14 An dem Tage machte der HERR den Josua groß vor dem ganzen Israel; und sie fürchteten ihn, wie sie Mose fürchteten, sein Leben lang.

15 Und der HERR sprach zu Josua:

16 Gebiete den Priestern, die die Lade des Zeugnisses tragen, daß sie aus dem Jordan heraufsteigen.

17 Also gebot Josua den Priestern und sprach: Steigt herauf aus dem Jordan!

18 Und da die Priester, die die Lade des HERRN trugen, aus dem Jordan heraufstiegen und mit ihren Fußsohlen

aufs Trockene traten, kam das Wasser des Jordans wieder an seine Stätte und floß wie zuvor an allen seinen Ufern.

19 Es war aber der zehnte Tag des ersten Monats, da das Volk aus dem Jordan heraufstieg; und lagerten sich in Gilgal, gegen Morgen vor der Stadt Jericho.

20 Und die zwölf Steine, die sie aus dem Jordan genommen hatten, richtete Josua auf zu Gilgal

21 und sprach zu den Kinder Israel: Wenn eure Kinder hernach ihre Väter fragen werden und sagen: Was sollen diese Steine?

22 So sollt ihr's ihnen kundtun und sagen: Israel ging trocken durch den Jordan,

23 da der HERR, euer Gott, das Wasser des Jordans austrocknete vor euch, bis ihr hinüberginget, gleichwie der HERR, euer Gott, tat in dem Schilfmeer, das er vor uns austrocknete, bis wir hindurchgingen,

24 auf daß alle Völker auf Erden die Hand des HERRN erkennen, wie mächtig sie ist, daß ihr den HERRN, euren Gott, fürchtet allezeit.

5. Kapitel

*Furcht der Kanaaniter. Beschneidung und
Passahfest im Lande Kanaan.
Das Manna hört auf.
Dem Josua erscheint der Engel Gottes.*

1 Da nun alle Könige der Amoriter, die jenseit des Jordans gegen Abend wohnten, und alle Könige der Kanaaniter am Meer hörten, wie der HERR das Wasser des Jordans hatte ausgetrocknet vor den Kindern Israel, bis sie hinübergingen, verzagte ihr Herz, und war kein Mut mehr in ihnen vor den Kindern Israel.

2 Zu der Zeit sprach der HERR zu Josua: Mach dir steinerne Messer und beschneide die Kinder Israel zum andernmal.

3 Da machte sich Josua steinerne Messer und beschnitt die Kinder Israel auf dem Hügel Araloth.

4 Und das ist die Sache, darum Josua sie beschnitt: Alles Volk, das aus Ägypten gezogen war, die Männer, alle Kriegsleute, waren gestorben in der

Wüste auf dem Wege, da sie aus Ägypten zogen.

5 Denn alles Volk, das auszog, war beschnitten; aber alles Volk, das in der Wüste geboren war, auf dem Wege, da sie aus Ägypten zogen, das war nicht beschnitten.

6 Denn die Kinder Israel wandelten vierzig Jahre in der Wüste, bis daß das ganze Volk der Kriegsmänner, die aus Ägypten gezogen waren, umkamen, darum daß sie der Stimme des HERRN nicht gehorcht hatten; wie denn der HERR ihnen geschworen hatte uns zu geben, ein Land, darin Milch und Honig fließt.

7 Deren Kinder, die an ihrer Statt waren aufgekommen, beschnitt Josua; denn sie hatten Vorhaut und waren auf dem Wege nicht beschnitten.

8 Und da das ganze Volk beschnitten war, blieben sie an ihrem Ort im Lager, bis sie heil wurden.

9 Und der HERR sprach zu Josua: Heute habe ich die Schande Ägyptens von euch gewendet. Und diese Stätte ward Gilgal genannt bis auf diesen Tag.

10 Und als die Kinder Israel also in Gilgal

das Lager hatten, hielten sie Passah am vierzehnten Tage des Monats am Abend auf dem Gefilde Jerichos

11 und aßen vom Getreide des Landes am Tag nach dem Passah, nämlich ungesäuertes Brot und geröstete Körner, ebendesselben Tages.

12 Und das Man hörte auf des andern Tages, da sie des Landes Getreide aßen, daß die Kinder Israel kein Man mehr hatten, sondern aßen vom Getreide des Landes Kanaan in demselben Jahr.

13 Und es begab sich, da Josua bei Jericho war, daß er seine Augen aufhob und ward gewahr, daß ein Mann ihm gegenüberstand und hatte sein bloßes Schwert in seiner Hand. Und Josua ging zu ihm und sprach zu ihm: Gehörst du uns an oder unsern Feinden?

14 Er sprach: Nein, sondern ich bin ein Fürst über das Heer des HERRN und bin jetzt gekommen. Da fiel Josua auf sein Angesicht zur Erde und betete an und sprach zu ihm: Was sagt mein HERR seinem Knecht?

15 Und der Fürst über das Heer des HERRN sprach zu Josua: Zieh deine

Schuhe aus von deinen Füßen; denn die Stätte, darauf du stehst, ist heilig. Und Josua tat also.

6. Kapitel

*Jericho wird erobert und zerstört,
Rahab und ihr Haus verschont.*

1 Jericho aber war verschlossen und verwahrt vor den Kindern Israel, daß niemand aus oder ein kommen konnte,

2 Aber der HERR sprach zu Josua: Siehe da, ich habe Jericho samt seinem König und seinen Kriegsleuten in deine Hände gegeben.

3 Laß alle Kriegsmänner rings um die Stadt her gehen einmal, und tue sechs Tage also.

4 Und laß sieben Priester sieben Posaunen des Halljahrs tragen vor der Lade her, und am siebenten Tage geht siebenmal um die Stadt, und laß die Priester die Posaunen blasen.

5 Und wenn man das Halljahrshorn bläst und es lange tönt, daß ihr die Posaune

hört, so soll das ganze Volk ein großes Feldgeschrei machen, so werden der Stadt Mauern umfallen, und das Volk soll hineinsteigen, ein jeglicher stracks vor sich.

6 Da rief Josua, der Sohn Nuns, die Priester und sprach zu ihnen: Tragt die Lade des Bundes, und sieben Priester laßt sieben Halljahrsposaunen tragen vor der Lade des HERRN.

7 Zieht hin und geht um die Stadt; wer gerüstet ist, gehe vor der Lade des HERRN her.

8 Da Josua solches dem Volk gesagt hatte, trugen die sieben Priester sieben Halljahrsposaunen vor der Lade des HERRN her und gingen und bliesen die Posaunen; und die Lade des Bundes des HERRN folgte ihnen nach.

9 Und wer gerüstet war, ging vor den Priestern her, die die Posaunen bliesen; und der Haufe folgte der Lade nach, und man blies Posaunen.

10 Josua aber gebot dem Volk und sprach: Ihr sollt kein Feldgeschrei machen noch eure Stimme hören lassen, noch soll ein Wort aus eurem Munde

gehen bis auf den Tag, da ich zu euch sagen werde: Macht ein Feldgeschrei! so macht dann ein Feldgeschrei.

11 Also ging die Lade des HERRN rings um die Stadt einmal, und sie kamen in das Lager und blieben darin über Nacht.

12 Und Josua machte sich des Morgens früh auf, und die Priester trugen die Lade des HERRN.

13 So trugen die sieben Priester die sieben Halljahrsposaunen vor der Lade des HERRN her und gingen und bliesen Posaunen; und wer gerüstet war, ging vor ihnen her, und der Haufe folgte der Lade des HERRN, und man blies Posaunen.

14 Des andern Tages gingen sie auch einmal um die Stadt und kamen wieder ins Lager. Also taten sie sechs Tage.

15 Am siebenten Tage aber, da die Morgenröte aufging, machten sie sich früh auf und gingen nach derselben Weise siebenmal um die Stadt, daß sie desselben einen Tages siebenmal um die Stadt kamen.

16 Und beim siebentenmal, da die Priester die Posaunen bliesen, sprach Josua zum Volk: Macht ein Feldgeschrei;

denn der HERR hat euch die Stadt gegeben.

17 Aber diese Stadt und alles, was darin ist, soll dem HERRN verbannt sein. Allein die Hure Rahab soll leben bleiben und alle, die mit ihr im Hause sind; denn sie hat die Boten verborgen, die wir aussandten.

18 Allein hütet euch von dem Verbannten, daß ihr euch nicht verbannt, so ihr des Verbannten etwas nehmt, und macht das Lager Israel verbannt und bringt's in Unglück.

19 Aber alles Silber und Gold samt dem ehernen Geräte soll dem HERRN geheiligt sein, daß es zu des HERRN Schatz komme.

20 Da machte das Volk ein Feldgeschrei, und man blies die Posaunen. Denn als das Volk den Hall der Posaunen hörte, machte es ein großes Feldgeschrei. Und die Mauer fielen um, und das Volk erstieg die Stadt, ein jeglicher stracks vor sich. Also gewannen sie die Stadt

21 und verbannten alles, was in der Stadt war, mit der Schärfe des Schwerts: Mann und Weib, jung und alt, Ochsen, Schafe

und Esel.

22 Aber Josua sprach zu den zwei Männern, die das Land ausgekundschaftet hatten: Geht in das Haus der Hure und führt das Weib von dort heraus mit allem, was sie hat, wie ihr versprochen habt.

23 Da gingen die Jünglinge, die Kundschafter, hinein und führten Rahab heraus samt Vater und Mutter und Brüdern und alles, was sie hatte, und alle ihre Geschlechter und ließ sie draußen, außerhalb des Lagers Israels.

24 Aber die Stadt verbrannten sie mit Feuer und alles, was darin war. Allein das Silber und Gold und eherne und eiserne Geräte taten sie zum Schatz in das Haus des HERRN.

25 Rahab aber, die Hure, samt dem Hause ihres Vaters und alles, was sie hatte, ließ Josua leben. Und sie wohnt in Israel bis auf diesen Tag, darum daß sie die Boten verborgen hatte, die Josua auszukundschaften gesandt hatte gen Jericho.

26 Zu der Zeit schwur Josua und sprach: Verflucht sei der Mann vor dem HERRN,

der sich aufmacht und diese Stadt Jericho wieder baut! Wenn er einen Grund legt, das koste ihn den ersten Sohn; wenn er ihre Tore setzt, das koste ihn seinen jüngsten Sohn!

27 Also war der HERR mit Josua, daß man von ihm sagte in allen Landen.

7. Kapitel

Achans Diebstahl am Verbannten bringt Unglück über das Volk und wird mit Steinigung bestraft.

1 Aber die Kinder Israel vergriffen sich an dem Verbannten; denn Achan, der Sohn Charmis, des Sohnes Sabdis, des Sohnes Serahs, vom Stamm Juda nahm des Verbannten etwas. Da ergrimmte der Zorn des HERRN über die Kinder Israel.

2 Und Josua sandte Männer aus von Jericho gen Ai, das bei Beth-Aven liegt, gegen Morgen vor Beth-El, und sprach zu ihnen: Geht hinauf und erkundet das Land! Und da sie hinaufgegangen waren und Ai erkundet hatten,

3 kamen sie wieder zu Josua und sprachen zu ihm: Laß nicht das ganze Volk hinaufziehen, sondern bei zwei-oder dreitausend Mann, daß sie hinaufziehen und schlagen Ai, daß nicht das ganze Volk sich daselbst bemühe; denn ihrer ist wenig.

4 Also zogen hinauf des Volks bei dreitausend Mann, und sie flohen vor den Männern zu Ai.

5 Und die von Ai schlugen ihrer bei sechsunddreißig Mann und jagten sie vor dem Tor bis gen Sabarim und schlugen sie den Weg herab. Da ward dem Volk das Herz verzagt und ward zu Wasser.

6 Josua aber zerriß seine Kleider und fiel auf sein Angesicht zur Erde vor der Lade des HERRN bis auf den Abend samt den Ältesten Israels, und sie warfen Staub auf ihre Häupter.

7 Und Josua sprach: Ach HERR HERR, warum hast du dies Volk über den Jordan geführt, daß du uns in die Hände der Amoriter gäbest, uns umzubringen? O, daß wir's uns hätten gefallen lassen, jenseit des Jordans zu bleiben!

8 Ach, mein HERR, was soll ich sagen,

weil Israel seinen Feinden den Rücken kehrt?

9 Wenn das die Kanaaniter und alle Einwohner des Landes hören, so werden sie uns umbringen und auch unsern Namen ausrotten von der Erde. Was willst du denn für deinen großen Namen tun?

10 Da sprach der HERR zu Josua: Stehe auf! Warum liegst du also auf deinem Angesicht?

11 Israel hat sich versündigt, sie haben meinen Bund übertreten, den ich ihnen angeboten habe, und haben des Verbannten etwas genommen und gestohlen und es verleugnet und unter eure Geräte gelegt.

12 Die Kinder Israel können nicht stehen vor ihren Feinden, sondern müssen ihren Feinden den Rücken kehren; denn sie sind im Bann. Ich werde hinfort nicht mit euch sein, wo ihr nicht den Bann aus euch vertilgt.

13 Stehe auf und heilige das Volk und sprich: Heiligt euch auf morgen. Denn also sagte der HERR, der Gott Israels: Es ist ein Bann unter dir Israel; darum kannst du nicht stehen vor deinen Feinden, bis

daß ihr den Bann von euch tut.

14 Und sollt euch früh herzumachen, ein Stamm nach dem andern; und welchen Stamm der HERR treffen wird, der soll sich herzumachen, ein Geschlecht nach dem andern; und welch Geschlecht der HERR treffen wird, das soll sich herzumachen, ein Haus nach dem andern; und welch Haus der HERR treffen wird, das soll sich herzumachen, ein Hauswirt nach dem andern.

15 Und welcher gefunden wird im Bann, den soll man mit Feuer verbrennen mit allem, was er hat, darum daß er den Bund des HERRN übertreten und eine Torheit in Israel begangen hat.

16 Da machte sich Josua des Morgens früh auf und brachte Israel herzu, einen Stamm nach dem andern; und es ward getroffen der Stamm Juda.

17 Und da er die Geschlechter in Juda herzubrachte, ward getroffen das Geschlecht der Serahiter. Und da er das Geschlecht der Serahiter herzubrachte, einen Hauswirt nach dem andern, ward Sabdi getroffen.

18 Und da er sein Haus herzubrachte,

einen Wirt nach dem andern, ward getroffen Achan, der Sohn Charmis, des Sohnes Sabdis, des Sohnes Serahs, aus dem Stamm Juda.

19 Und Josua sprach zu Achan: Mein Sohn, gib dem HERRN, dem Gott Israels, die Ehre und gib ihm das Lob und sage mir an: Was hast du getan? und leugne mir nichts.

20 Da antwortete Achan Josua und sprach: Wahrlich, ich habe mich versündigt an dem HERRN, dem Gott Israels. Also und also habe ich getan:

21 ich sah unter dem Raub einen köstlichen babylonischen Mantel und zweihundert Silberlinge und eine goldene Stange, fünfzig Lot am Gewicht; des gelüstete mich, und ich nahm es. Und siehe es ist verscharrt in die Erde in meiner Hütte und das Silber darunter.

22 Da sandte Josua Boten hin, die liefen zur Hütte; und siehe, es war verscharrt in seiner Hütte und das Silber darunter.

23 Und sie nahmen's aus der Hütte und brachten's zu Josua und zu allen Kindern Israel und schütteten es vor den HERRN.

24 Da nahm Josua und das ganze Israel

mit ihm Achan, den Sohn Serahs, samt dem Silber, Mantel und der goldenen Stange, seine Söhne und Töchter, seine Ochsen und Esel und Schafe, seine Hütte und alles, was er hatte, und führten sie hinauf ins Tal Achor.

25 Und Josua sprach: Weil du uns betrübt hast, so betrübe dich der HERR an diesem Tage. Und das ganze Israel steinigte ihn und verbrannte sie mit Feuer. Und da sie sie gesteinigt hatten,

26 machten sie über sie einen großen Steinhaufen, der bleibt bis auf diesen Tag. Also kehrte sich der HERR von dem Grimm seines Zorns, Daher heißt derselbe Ort das Tal Achor bis auf diesen Tag.

8. Kapitel

*Eroberung der Stadt Ai.
Auf dem Berge Garizim und Ebal
wird der Segen und Fluch ausgerufen.*

1 Und der HERR sprach zu Josua: Fürchte dich nicht und zage nicht! Nimm mit dir

alles Kriegsvolk und mache dich auf und zieh hinauf gen Ai! Siehe da, ich habe den König zu Ai samt seinem Volk, seiner Stadt, und seinem Lande in deine Hände gegeben.

2 Du sollst mit Ai und seinem König tun, wie du mit Jericho und seinem König getan hast, nur daß ihr ihren Raub und ihr Vieh unter euch teilen sollt. Aber stelle einen Hinterhalt hinter der Stadt.

3 Da machte sich Josua auf und alles Kriegsvolk, hinaufzuziehen gen Ai. Und Josua erwählte dreißigtausend streitbare Männer und sandte sie aus bei der Nacht

4 und gebot ihnen und sprach: Seht zu, ihr sollt der Hinterhalt sein hinter der Stadt; macht euch aber nicht allzu ferne von der Stadt und seid allesamt bereit!

5 Ich aber und das Volk, das mit mir ist, wollen uns zu der Stadt machen. Und wenn sie uns entgegen herausfahren wie das erstemal, so wollen wir vor ihnen fliehen,

6 daß sie uns nachfolgen heraus, bis daß wir sie von der Stadt hinwegreißen. Denn sie werden gedenken, wir fliehen vor ihnen wie das erstemal. Und wenn wir vor

ihnen fliehen,

7 sollt ihr euch aufmachen aus dem Hinterhalt und die Stadt einnehmen; denn der HERR, euer Gott, wird sie in eure Hände geben.

8 Wenn ihr aber die Stadt eingenommen habt, so steckt sie an mit Feuer und tut nach dem Wort des HERRN. Seht, ich habe es euch geboten.

9 Also sandte sie Josua hin; und sie gingen hin auf den Hinterhalt und hielten zwischen Beth-El und Ai abendwärts von Ai. Josua aber blieb die Nacht unter dem Volk

10 und machte sich des Morgens früh auf und ordnete das Volk und zog hinauf mit den Ältesten Israels vor dem Volk her gen Ai.

11 Und alles Kriegsvolk, das bei ihm war, zog hinauf, und sie traten herzu und kamen gegen die Stadt und lagerten sich gegen Mitternacht vor Ai, daß nur ein Tal war zwischen ihnen und Ai.

12 Er hatte aber bei fünftausend Mann genommen und auf den Hinterhalt gestellt zwischen Beth-El und Ai abendwärts von der Stadt.

13 Und sie stellten das Volk des ganzen Lagers, das gegen Mitternacht vor der Stadt war, also, daß sein letztes reichte bis gegen den Abend von der Stadt. Und Josua ging hin in derselben Nacht mitten in das Tal.

14 Als aber der König zu Ai das sah, eilten die Männer der Stadt und machten sich früh auf und zogen heraus, Israel zu begegnen im Streit, er mit allem seinem Volk, an einem bestimmten Ort vor dem Gefilde. Denn er wußte nicht, daß ihm ein Hinterhalt gelegt war hinter der Stadt.

15 Josua aber und ganz Israel stellten sich, als würden sie geschlagen vor ihnen und flohen auf dem Weg zur Wüste.

16 Da ward das ganze Volk in der Stadt zuhauf gerufen, daß es ihnen sollte nachjagen.

17 Und sie jagten Josua nach und wurden von der Stadt hinweggerissen, daß nicht ein Mann übrigblieb in Ai und Beth-El, der nicht ausgezogen wäre, Israel nachzujagen; und ließen die Stadt offen stehen, daß sie Israel nachjagten.

18 Da sprach der HERR zu Josua: Recke aus die Lanze in deiner Hand gegen Ai;

denn ich will sie in deine Hand geben. Und da Josua die Lanze in seiner Hand gegen die Stadt ausreckte,

19 da brach der Hinterhalt eilends auf aus seinem Ort, und liefen, nachdem er seine Hand ausreckte und kamen in die Stadt und gewannen sie und eilten und steckten sie mit Feuer an.

20 Und die Männer von Ai wandten sich und sahen hinter sich und sahen den Rauch der Stadt aufgehen gen Himmel und hatten nicht Raum zu fliehen, weder hin noch her. Und das Volk, das zur Wüste floh, kehrte sich um gegen die, so ihnen nachjagten.

21 Denn da Josua und das ganze Israel sah, daß der Hinterhalt die Stadt gewonnen hatte, weil der Stadt Rauch aufging, kehrten sie wieder um und schlugen die Männer von Ai.

22 Und die in der Stadt kamen auch heraus ihnen entgegen, daß sie mitten unter Israel kamen, von dorther und von hierher; und schlugen sie, bis daß niemand unter ihnen übrigblieb noch entrinnen konnte,

23 und griffen den König zu Ai lebendig

und brachten ihn zu Josua.

24 Und da Israel alle Einwohner zu Ai erwürgt hatte auf dem Felde und in der Wüste, die ihnen nachgejagt hatten, und alle durch die Schärfe des Schwertes fielen, bis daß sie alle umkamen, da kehrte sich ganz Israel gegen Ai und schlugen es mit der Schärfe des Schwerts.

25 Und alle, die des Tages fielen, beide Männer und Weiber, der waren zwölftausend, alles Leute von Ai.

26 Josua aber zog nicht wieder zurück seine Hand, mit der er die Lanze ausgereckt hatte, bis daß verbannt wurden alle Einwohner Ais.

27 Nur das Vieh und den Raub der Stadt teilte Israel aus unter sich nach dem Wort des HERRN, das er Josua geboten hatte.

28 Und Josua brannte Ai aus und machte einen Haufen daraus ewiglich, der noch heute daliegt,

29 und ließ den König zu Ai an einen Baum hängen bis an den Abend. Da aber die Sonne war untergegangen, gebot er, daß man seinen Leichnam vom Baum täte, und sie warfen ihn unter der Stadt

Tor und machten einen großen Steinhaufen auf ihn, der bis auf diesen Tag da ist.

30 Da baute Josua dem HERRN, dem Gott Israels, einen Altar auf dem Berge Ebal

31 (wie Mose der Knecht des HERRN, geboten hatte den Kindern Israel, wie geschrieben steht im Gesetzbuch Mose's: einen Altar von ganzen Steinen, die mit keinem Eisen behauen waren) und opferte dem HERRN darauf Brandopfer und Dankopfer

32 und schrieb daselbst auf die Steine das andere Gesetz, das Mose den Kindern Israel vorgeschrieben hatte.

33 Und das ganze Israel mit seinen Ältesten und Amtleuten und Richtern standen zu beiden Seiten der Lade, gegenüber den Priestern aus Levi, die die Lade des Bundes des HERRN trugen, die Fremdlinge sowohl wie die Einheimischen, eine Hälfte neben dem Berge Garizim und die andere Hälfte neben dem Berge Ebal, wie Mose, der Knecht des HERRN, vormals geboten hatte zu segnen das Volk Israel.

34 Darnach ließ er ausrufen alle Worte des Gesetzes vom Segen und Fluch, wie es geschrieben steht im Gesetzbuch.

35 Es war kein Wort, das Mose geboten hatte, das Josua nicht hätte lassen ausrufen vor der ganzen Gemeinde Israel und vor den Weibern und Kindern und Fremdlingen, die unter ihnen wandelten.

9. Kapitel

Die Gibeoniter erlangen durch List Freundschaft mit Israel und werden zu beständiger Knechtschaft bestimmt.

1 Da nun das hörten alle Könige, die jenseit des Jordans waren auf den Gebirgen und in den Gründen und an allen Anfurten des großen Meers, auch die neben dem Berge Libanon waren, nämlich die Hethiter, Amoriter, Kanaaniter, Pheresiter, Heviter und Jebusiter,

2 sammelten sie sich einträchtig zuhauf, daß sie wider Josua und wider Israel stritten.

3 Aber die Bürger zu Gibeon, da sie hörten, was Josua mit Jericho und Ai gemacht hatte, erdachten sie eine List,

4 gingen hin und versahen sich mit Speise und nahmen alte Säcke auf ihre Esel.

5 und alte, zerrissene, geflickte Weinschläuche und alte, geflickte Schuhe an ihre Füße und zogen alte Kleider an, und alles Brot, das sie nahmen, war hart und schimmlig.

6 Und gingen zu Josua ins Lager gen Gilgal und sprachen zu ihm und zum ganzen Israel: Wir kommen aus fernen Landen; so macht einen Bund mit uns.

7 Da sprach das ganze Israel zu dem Heviter: Vielleicht möchtest du unter uns wohnend werden; wie könnte ich dann einen Bund mit dir machen?

8 Sie aber sprachen zu Josua: Wir sind deine Knechte. Josua sprach zu ihnen: Was seid ihr, und woher kommt ihr?

9 Sie sprachen: Deine Knechte sind aus sehr fernen Landen gekommen um des Namens willen des HERRN, deines Gottes; denn wir haben sein Gerücht gehört und alles, was er in Ägypten getan

hat,

10 und alles, was er den zwei Königen der Amoriter jenseit des Jordans getan hat: Sihon, dem König zu Hesbon, und Og, dem König von Basan, der zu Astharoth wohnte.

11 Darum sprachen unsere Ältesten und alle Einwohner unsers Landes: Nehmt Speise mit euch auf die Reise und geht hin, ihnen entgegen, und sprecht zu ihnen: Wir sind eure Knechte. So macht nun einen Bund mit uns.

12 Dies unser Brot, das wir aus unsern Häusern zu unsrer Speise nahmen, war noch frisch, da wir auszogen zu euch, nun aber, siehe, es ist hart und schimmlig;

13 und diese Weinschläuche füllten wir neu, und siehe, sie sind zerrissen; und diese unsre Kleider und Schuhe sind alt geworden über der sehr langen Reise.

14 Da nahmen die Hauptleute ihre Speise an und fragten den Mund des HERRN nicht.

15 Und Josua machte Frieden mit ihnen und richtete einen Bund mit ihnen auf, daß sie leben bleiben sollten. Und die Obersten der Gemeinde schwuren ihnen.

16 Aber über drei Tage, nachdem sie mit ihnen einen Bund gemacht hatten, kam es vor sie, daß jene nahe bei ihnen waren und würden unter ihnen wohnen.

17 Denn da die Kinder Israel fortzogen, kamen sie des dritten Tages zu ihren Städten, die hießen Gibeon, Kaphira, Beeroth und Kirjath-Jearim,

18 und schlugen sie nicht, darum daß ihnen die Obersten der Gemeinde geschworen hatten bei dem HERRN, dem Gott Israels. Da aber die ganze Gemeinde wider die Obersten murrte,

19 sprachen alle Obersten zu der ganzen Gemeinde: Wir haben ihnen geschworen bei dem HERRN, dem Gott Israels; darum können wir sie nicht antasten.

20 Aber das wollen wir tun: laßt sie leben, daß nicht ein Zorn über uns komme um des Eides willen, den wir ihnen getan haben.

21 Und die Obersten sprachen zu ihnen: Laßt sie leben, daß sie Holzhauer und Wasserträger seien der ganzen Gemeinde, wie ihnen die Obersten gesagt haben.

22 Da rief sie Josua und redete mit ihnen und sprach: Warum habt ihr uns betrogen und gesagt, ihr seid sehr ferne von uns, so ihr doch unter uns wohnet?

23 Darum sollt ihr verflucht sein, daß unter euch nicht aufhören Knechte, die Holz hauen und Wasser tragen zum Hause meines Gottes.

24 Sie antworteten Josua und sprachen: Es ist deinen Knechten angesagt, daß der HERR, dein Gott, Mose, seinem Knecht, geboten habe, daß er euch das ganze Land geben und vor euch her alle Einwohner des Landes vertilgen wolle. Da fürchteten wir für unser Leben vor euch sehr und haben solches getan.

25 Nun aber, siehe, wir sind in deinen Händen; was dich gut dünkt uns zu tun, das tue.

26 Und er tat ihnen also und errettete sie von der Kinder Israel Hand, daß sie sie nicht erwürgten.

27 Also machte sie Josua desselben Tages zu Holzhauern und Wasserträgern für die Gemeinde und den Altar des HERRN bis auf diesen Tag, an dem Ort, den er erwählen würde.

10. Kapitel

Wunderbarer Sieg Josuas über fünf Amoriterkönige. Weitere Erfolge.

1 Da aber Adoni-Zedek, der König zu Jerusalem, hörte daß Josua Ai gewonnen und es verbannt hatte und Ai samt seinem König getan hatte, gleich wie er Jericho und seinem König getan hatte, und daß die zu Gibeon Frieden mit Israel gemacht hatten und unter sie gekommen waren,

2 fürchteten sie sich sehr; denn Gibeon war eine große Stadt wie eine königliche Stadt und größer als Ai, und alle seine Bürger streitbar.

3 Und er sandte zu Hoham, dem König zu Hebron, und zu Piream, dem König zu Jarmuth, und zu Japhia, dem König zu Eglon, und ließ ihnen sagen:

4 Kommt herauf zu mir und helft mir, daß wir Gibeon schlagen; denn es hat mit Josua und den Kindern Israel Frieden gemacht.

5 Da kamen zuhauf und zogen hinauf die fünf Könige der Amoriter, der König zu Jerusalem, der König zu Hebron, der

König zu Jarmuth, der König zu Lachis, der König zu Eglon, mit allem ihrem Heerlager und belagerten Gibeon und stritten dawider.

6 Aber die zu Gibeon sandten zu Josua ins Lager gen Gilgal und ließen ihm sagen: Zieh deine Hand nicht ab von deinen Knechten; komm zu uns herauf eilend, rette uns und hilf uns! denn es haben sich wider uns versammelt alle Könige der Amoriter, die auf dem Gebirge wohnen.

7 Josua zog hinauf von Gilgal und alles Kriegsvolk mit ihm und alle streitbaren Männer.

8 Und der HERR sprach zu Josua: Fürchte dich nicht vor ihnen, denn ich habe sie in deine Hände gegeben; niemand unter ihnen wird vor dir stehen können.

9 Also kam Josua plötzlich über sie; denn die ganze Nacht zog er herauf von Gilgal.

10 Aber der HERR schreckte sie vor Israel, daß sie eine große Schlacht schlugen zu Gibeon und jagten ihnen nach den Weg hinan zu Beth-Horon und schlugen sie bis gen Aseka und Makkeda.

11 Und da sie vor Israel flohen den Weg zu Beth-Horon, ließ der HERR einen großen Hagel vom Himmel auf sie fallen bis gen Aseka, daß sie starben. Und viel mehr starben ihrer von dem Hagel, als die Kinder Israel mit dem Schwert erwürgten.

12 Da redete Josua mit dem HERRN des Tages, da der HERR die Amoriter dahingab vor den Kindern Israel, und sprach vor dem gegenwärtigen Israel: Sonne, stehe still zu Gibeon, und Mond, im Tal Ajalon!

13 da stand die Sonne und der Mond still, bis daß sich das Volk an ihren Feinden rächte. Ist dies nicht geschrieben im Buch des Frommen? Also stand die Sonne mitten am Himmel und verzog unterzugehen beinahe einen ganzen Tag.

14 Und war kein Tag diesem gleich, weder zuvor noch darnach, da der HERR der Stimme eines Mannes gehorchte; denn der HERR stritt für Israel.

15 Josua aber zog wieder ins Lager gen Gilgal und das ganze Israel mit ihm.

16 Aber diese fünf Könige waren geflohen und hatten sich versteckt in die

Höhle zu Makkeda.

17 Da ward Josua angesagt: Wir haben die fünf Könige gefunden, verborgen in der Höhle zu Makkeda.

18 Josua sprach: So wälzt große Steine vor das Loch der Höhle und bestellt Männer davor, die sie hüten.

19 Ihr aber steht nicht still, sondern jagt euren Feinde nach und schlagt ihre Nachzügler und laßt sie nicht in ihre Städte kommen; denn der HERR, euer Gott, hat sie in eure Hände gegeben.

20 Und da Josua und die Kinder Israel vollendet hatten diese sehr große Schlacht an ihnen und sie ganz geschlagen, und was übrigblieb von ihnen, in die festen Städte gekommen war,

21 da kam alles Volk wieder ins Lager zu Josua gen Makkeda mit Frieden, und wagte niemand vor den Kindern Israel seine Zunge zu regen.

22 Josua aber sprach: Macht auf das Loch der Höhle und bringt hervor die fünf Könige zu mir!

23 Sie taten also und brachten die fünf Könige zu ihm aus der Höhle: den König

zu Jerusalem, den König zu Hebron, den König zu Jarmuth, den König zu Lachis, den König zu Eglon.

24 Da aber die fünf Könige zu ihm herausgebracht waren, rief Josua das ganze Israel und sprach zu den Obersten des Kriegsvolks, die mit ihm zogen: Kommt herzu und setzt eure Füße auf die Hälse dieser Könige. Und sie kamen herzu und setzten ihre Füße auf ihre Hälse.

25 Und Josua sprach zu ihnen: Fürchtet euch nicht und erschreckt nicht, seid getrost und unverzagt; denn also wird der HERR allen euren Feinden tun, wider die ihr streitet.

26 Und Josua schlug sie darnach und tötete sie und hing sie an fünf Bäume; und sie hingen an den Bäumen bis zum Abend.

27 Da aber die Sonne war untergegangen, gebot er, daß man sie von den Bäumen nähme und würfe sie in die Höhle darin sie sich verkrochen hatten. Und sie legten große Steine vor der Höhle Loch; die sind noch da bis auf diesen Tag.

28 Desselben Tages aber gewann Josua auch Makkeda und schlug es mit der Schärfe des Schwerts, dazu seinen König, und verbannte es und alle Seelen, die darin waren, und ließ niemand übrigbleiben und tat dem König zu Makkeda, wie er dem König zu Jericho getan hatte.

29 Da zog Josua und das ganze Israel mit ihm von Makkeda gen Libna und stritt dawider.

30 Und der HERR gab dieses auch in die Hand Israels mit seinem König; und er schlug es mit der Schärfe des Schwerts und alle Seelen, die darin waren, und ließ niemand übrigbleiben und tat seinem König, wie er dem König zu Jericho getan hatte.

31 Darnach zog Josua und das ganze Israel mit ihm von Libna nach Lachis und belagerten und bestritten es.

32 Und der HERR gab Lachis auch in die Hände Israels, daß sie des andern Tages gewannen und schlugen es mit der Schärfe des Schwerts und alle Seelen, die darin waren, allerdinge wie sie Libna getan hatten.

33 Zu derselben Zeit zog Horam, der König der Geser, hinauf, Lachis zu helfen; aber Josua schlug ihn mit allem seinem Volk, bis daß niemand übrigblieb.

34 Und Josua zog von Lachis samt dem ganzen Israel gen Eglon und belagerte und bestritt es

35 und gewann es desselben Tages und schlug es mit der Schärfe des Schwerts und verbannte alle Seelen, die darin waren, desselben Tages, allerdinge wie er Lachis getan hatte.

36 Darnach zog Josua hinauf samt dem ganzen Israel von Eglon gen Hebron und bestritt es

37 und gewann es und schlug es mit der Schärfe des Schwerts und seinen König mit allen seinen Städten und allen Seelen, die darin waren, und ließ niemand übrigbleiben, allerdinge wie er Eglon getan hatte, und verbannte es und alle Seelen, die darin waren.

38 Da kehrte Josua wieder um samt dem ganzen Israel gen Debir und bestritt es

39 und gewann es samt seinem König und alle seine Städte; und schlugen es mit der Schärfe des Schwerts und verbannten

alle Seelen, die darin waren, und ließ niemand übrigbleiben. Wie er Hebron getan hatte, so tat er auch Debir und seinem König, und wie er Libna und seinem König getan hatte.

40 Also schlug Josua alles Land auf dem Gebirge und gegen Mittag und in den Gründen und an den Abhängen mit allen ihren Königen und ließ niemand übrigbleiben und verbannte alles, was Odem hatte, wie der HERR, der Gott Israels, geboten hatte.

41 Und schlug sie von Kades-Barnea an bis gen Gaza und das ganze Land Gosen bis gen Gibeon

42 und gewann alle diese Könige mit ihrem Lande auf einmal; denn der HERR, der Gott Israels, stritt für Israel.

43 Und Josua zog wieder ins Lager gen Gilgal mit dem ganzen Israel.

11. Kapitel

Ausrottung vieler kanaanitischer Stämme.

1 Da aber Jabin, der König zu Hazor,

solches hörte, sandte er zu Jobab, dem König zu Madon, und zum König zu Simron und zum König zu Achsaph

2 und zu den Königen, die gegen Mitternacht auf dem Gebirge und auf dem Gefilde gegen Mittag von Kinneroth und in den Gründen und in Naphoth-Dor am Meer wohnten,

3 zu den Kanaanitern gegen Morgen und Abend, Hethitern, Pheresitern und Jebusitern, auf dem Gebirge, dazu den Hevitern unten am Berge Hermon im Lande Mizpa.

4 Diese zogen aus mit allem ihrem Heer, ein großes Volk, so viel als des Sandes am Meer, und sehr viel Rosse und Wagen.

5 Alle diese Könige versammelten sich und kamen und lagerten sich zuhauf an das Wasser Merom, zu streiten mit Israel.

6 Und der HERR sprach zu Josua: Fürchte dich nicht vor ihnen! denn morgen um diese Zeit will ich sie alle erschlagen geben vor den Kindern Israel; ihre Rosse sollst du Lähmen und ihre Wagen mit Feuer verbrennen.

7 Und Josua kam plötzlich über sie und

alles Kriegsvolk mit ihm am Wasser Merom, und überfielen sie.

8 Und der HERR gab sie in die Hände Israels, und schlugen sie und jagten sie bis gen Groß-Sidon und bis an die warmen Wasser und bis an die Ebene Mizpa gegen Morgen und schlugen sie, bis daß niemand unter ihnen übrigblieb.

9 Da tat ihnen Josua, wie der HERR ihm gesagt hatte, und lähmte ihre Rosse und verbrannte ihre Wagen

10 und kehrte um zu derselben Zeit und gewann Hazor und schlug seinen König mit dem Schwert; denn Hazor war vormals die Hauptstadt aller dieser Königreiche.

11 Und sie schlugen alle Seelen, die darin waren, mit der Schärfe des Schwerts und verbannten sie, und er ließ nichts übrigbleiben, das Odem hatte, und verbrannte Hazor mit Feuer.

12 Dazu gewann Josua alle Städte dieser Könige mit ihren Königen und schlug sie mit der Schärfe des Schwerts und verbannte sie, wie Mose, der Knecht des HERRN, geboten hatte.

13 Doch verbrannten die Kinder Israel

keine Städte, die auf Hügeln standen, sondern Hazor allein verbrannte Josua.

14 Und allen Raub dieser Städte und das Vieh teilten die Kinder Israel unter sich; aber alle Menschen schlugen sie mit der Schärfe des Schwerts, bis sie die vertilgten, und ließen nichts übrigbleiben, das Odem hatte.

15 Wie der HERR dem Mose, seinem Knecht, und Mose Josua geboten hatte, so tat Josua, daß nichts fehlte an allem, was der HERR dem Mose geboten hatte.

16 Also nahm Josua alles dies Land ein, das Gebirge und alles, was gegen Mittag liegt, und das Land Gosen und die Gründe und das Gefilde und das Gebirge Israel mit seinen Gründen,

17 von dem kahlen Gebirge an, das aufsteigt gen Seir, bis gen Baal-Gad in der Ebene beim Berge Libanon, unten am Berge Hermon. Alle ihre Könige gewann er und schlug sie und tötete sie.

18 Er stritt aber eine lange Zeit mit diesen Königen.

19 Es war aber keine Stadt, die sich mit Frieden ergab den Kindern Israel, ausgenommen die Heviter, die zu Gibeon

wohnten; sondern sie gewannen sie alle im Streit.

20 Und das alles geschah also von dem HERRN, daß ihr Herz verstockt würde, mit Streit zu begegnen den Kindern Israel, auf daß sie verbannt würden und ihnen keine Gnade widerführe, sondern vertilgt würden, wie der HERR dem Mose geboten hatte.

21 Zu der Zeit kam Josua und rottete aus die Enakiter von dem Gebirge, von Hebron, von Debir, von Anab und von allem Gebirge Juda und von allem Gebirge Israel und verbannte sie mit ihren Städten

22 und ließ keine Enakiter übrigbleiben im Lande der Kinder Israel; außer zu Gaza, zu Gath, zu Asdod, da blieben ihrer übrig.

23 Also nahm Josua alles Land ein, allerdinge wie der HERR zu Mose geredet hatte, und gab es Israel zum Erbe, einem jeglichen Stamm seinen Teil. Und der Krieg hörte auf im Lande.

12. Kapitel

*Einundreißig besigte Könige
auf beiden Seiten des Jordans.*

1 Dies sind die Könige des Landes, die die Kinder Israel schlugen und nahmen ihr Land ein jenseit des Jordans gegen der Sonne Aufgang von dem Bach Arnon an bis an den Berg Hermon und das ganze Gefilde gegen Morgen:

2 Sihon, der König der Amoriter, der zu Hesbon wohnte und herrschte von Aroer an, das am Ufer liegt des Bachs Arnon, und von der Mitte des Tals an und über das halbe Gilead bis an den Bach Jabbok, der die Grenze ist der Kinder Ammon,

3 und über das Gefilde bis an das Meer Kinneroth gegen Morgen und bis an das Meer im Gefilde, nämlich das Salzmeer, gegen Morgen, des Weges gen Beth-Jesimoth, und gegen Mittag unten an den Abhängen des Gebirges Pisga.

4 Dazu das Gebiet des Königs Og von Basan, der noch von den Riesen übrig war und wohnte zu Astharoth und Edrei

5 und herrschte über den Berg Hermon, über Salcha und über ganz Basan bis an

die Grenze der Gessuriter und Maachathiter und über das halbe Gilead, da die Grenze war Sihons, des Königs zu Hesbon.

6 Mose, der Knecht des HERRN, und die Kinder Israel schlugen sie. Und Mose, der Knecht des HERRN, gab ihr Land einzunehmen den Rubenitern, Gaditer und dem halben Stamm Manasse.

7 Dies sind die Könige des Landes, die Josua schlug und die Kinder Israel, diesseit des Jordans gegen Abend, von Baal-Gad an auf der Ebene beim Berge Libanon bis an das kahle Gebirge, das aufsteigt gen Seir (und Josua gab das Land den Stämmen Israels einzunehmen, einem jeglichen sein Teil,

8 was auf den Gebirgen, in den Gründen, Gefilden, an den Abhängen, in der Wüste und gegen Mittag war: die Hethiter, Amoriter, Kanaaniter, Pheresiter, Heviter und Jebusiter):

9 der König zu Jericho, der König zu Ai, das zur Seite an Beth-el liegt,

10 der König zu Jerusalem, der König zu Hebron,

11 der König zu Jarmuth, der König zu

Lachis,

12 der König zu Eglon, der König zu Geser,

13 der König zu Debir, der König zu Geder,

14 der König zu Horma, der König zu Arad,

15 der König zu Libna, der König zu Adullam,

16 der König zu Makkeda, der König zu Beth-El,

17 der König zu Thappuah, der König zu Hepher,

18 der König zu Aphek, der König zu Lasaron,

19 der König zu Madon, der König zu Hazor,

20 der König zu Simron-Meron, der König zu Achsaph,

21 der König zu Thaanach, der König zu Megiddo,

22 der König zu Kedes, der König zu Jokneam am Karmel,

23 der König zu Naphoth-Dor, der König der Heiden zu Gilgal,

24 der König zu Thirza. Das sind einunddreißig Könige.

13. Kapitel

Verteilung des Landes. Erbteile der dritthalb Stämme jenseit des Jordans.

1 Da nun Josua alt war und wohl betagt, sprach der HERR zu ihm: Du bist alt geworden und wohl betagt, und des Landes ist noch sehr viel übrig einzunehmen,

2 nämlich alle Kreise der Philister und ganz Gessur,

3 vom Sihor an, der vor Ägypten fließt bis an die Grenze Ekrons gegen Mitternacht, die den Kanaanitern zugerechnet wird, fünf Herren der Philister, nämlich der Gaziter, der Asdoditer, der Askaloniter, der Gathiter der Ekroniter, und die Avviter;

4 vom Mittag an aber das ganze Land der Kanaaniter und Meara der Sidonier bis gen Aphek, bis an die Grenze der Amoriter;

5 dazu das Land der Gebaliter und der ganze Libanon gegen der Sonne Aufgang, von Baal-Gad an unter dem Berge Hermon, bis man kommt gen

Hamath.

6 Alle, die auf dem Gebirge wohnen, vom Libanon an bis an die warmen Wasser, alle Sidonier: ich will sie vertreiben vor den Kindern Israel; lose nur darum, sie auszuteilen unter Israel, wie ich dir geboten habe.

7 So teile nun dies Land zum Erbe unter die neun Stämme und unter den halben Stamm Manasse.

8 Denn die Rubeniter und Gaditer haben mit dem andern halben Manasse ihr Erbteil empfangen, das ihnen Mose gab jenseit des Jordans, gegen Aufgang, wie ihnen dasselbe Mose, der Knecht des HERRN, gegeben hat,

9 von Aroer an, das am Ufer des Bachs Arnon liegt, und von der Stadt mitten im Tal und die ganze Ebene Medeba bis gen Dibon

10 und alle Städte Sihons, des Königs der Amoriter, der zu Hesbon saß, bis an die Grenze der Kinder Ammon,

11 dazu Gilead und das Gebiet von Gessur und Maacha und den ganzen Berg Hermon und das ganze Basan bis gen Salcha

12 (das ganze Reich Ogs von Basan, der zu Astharoth und Edrei saß, welcher noch übrig war von den Riesen. Mose aber schlug sie und vertrieb sie.

13 Die Kinder Israel vertrieben aber die zu Gessur und zu Maacha nicht, sondern es wohnten beide, Gessur und Maacha, unter den Kindern Israel bis auf diesen Tag).

14 Aber dem Stamm der Leviten gab er kein Ertbteil; denn das Opfer des HERRN, des Gottes Israels, ist ihr Erbteil, wie er ihnen geredet hat.

15 Also gab Mose dem Stamm der Kinder Ruben nach ihren Geschlechtern,

16 daß ihr Gebiet war von Aroer an, das am Ufer des Bachs Arnon liegt, und von der Stadt mitten im Tal mit allem ebenen Felde bis gen Medeba,

17 Hesbon und alle seine Städte, die im ebenen Felde liegen, Dibon, Bamoth-Baal und Beth-Baal-Meon,

18 Jahza, Kedemoth, Mephaath,

19 Kirjathaim, Sibma, Zereth-Sahar auf dem Berge im Tal,

20 Beth-Peor, die Abhänge am Pisga und Beth-Jesimoth

21 und alle Städte auf der Ebene und das ganze Reich Sihons, des Königs der Amoriter, der zu Hesbon saß, den Mose schlug samt den Fürsten Midians, Evi, Rekem, Zur, Hur und Reba, den Gewaltigen des Königs Sihon, die im Lande wohnten.

22 Auch Bileam, der Sohn Beors, den Weissager erwürgten die Kinder Israel mit dem Schwert samt den Erschlagenen.

23 Und die Grenze der Kinder Ruben war der Jordan. Das ist das Erbteil der Kinder Ruben nach ihren Geschlechtern, die Städte und ihre Dörfer.

24 Dem Stamm der Kinder Gad nach ihrem Geschlecht gab Mose,

25 daß ihr Gebiet war Jaser und alle Städte in Gilead und das halbe Land der Kinder Ammon bis gen Aroer, welches liegt vor Rabba,

26 und von Hesbon bis gen Ramath-Mizpe und Betonim, und von Mahanaim bis an die Grenze Debirs,

27 im Tal aber Beth-Haran, Beth-Nimra, Sukkoth und Zaphon, was übrig war von dem Reich Sihons, des Königs zu Hesbon, daß der Jordan die Grenze war bis ans

Ende des Meeres Kinnereth, jenseit des Jordans gegen Aufgang.

28 Das ist das Erbteil der Kinder Gad nach ihren Geschlechtern, die Städte und ihre Dörfer.

29 Dem halben Stamm der Kinder Manasse nach ihren Geschlechtern gab Mose,

30 daß ihr Gebiet war von Mahanaim an: das ganze Basan, das ganze Reich Ogs, des Königs von Basan, und alle Flecken Jairs, die in Basan liegen, nämlich Städte.

31 Und das halbe Gilead, Astharoth, Edrei, die Städte des Königreichs Ogs von Basan, gab er den Kindern Machirs, des Sohnes Manasses, das ist die Hälfte der Kinder Machirs, nach ihren Geschlechtern.

32 Das ist es, was Mose ausgeteilt hat in dem Gefilde Moabs, jenseit des Jordans vor Jericho gegen Aufgang.

33 Aber dem Stamm Levi gab Mose kein Erbteil; denn der HERR, der Gott Israels, ist ihr Erbteil, wie er ihnen geredet hat.

14. Kapitel

*Austeilung des Landes vollzogen.
Kalebs Erbteil.*

1 Dies ist es aber, was die Kinder Israel eingenommen haben im Lande Kanaan, das unter sie ausgeteilt haben der Priester Eleasar und Josua, der Sohn Nuns, und die obersten Väter unter den Stämmen der Kinder Israel.

2 Sie teilten es aber durchs Los unter sie, wie der HERR durch Mose geboten hatte, zu geben den zehnthalb Stämmen.

3 Denn den zwei Stämmen und dem halben Stamm hatte Mose Erbteil gegeben jenseit des Jordans; den Leviten aber hatte er kein Erbteil unter ihnen gegeben.

4 Denn die Kinder Josephs wurden zwei Stämme, Manasse und Ephraim; den Leviten aber gaben sie kein Teil im Lande, sondern Städte, darin zu wohnen, und Vorstädte für ihr Vieh und ihre Habe.

5 Wie der HERR dem Mose geboten hatte, so taten die Kinder Israel und teilten das Land.

6 Da traten herzu die Kinder Juda zu Josua zu Gilgal, und Kaleb, der Sohn Jephunnes, der Kenisiter, sprach zu ihm: Du weißt, was der Herr zu Mose, dem Manne Gottes, sagte meinet- und deinetwegen in Kades-Barnea.

7 Ich war vierzig Jahre alt, da mich Mose, der Knecht des HERRN, aussandte von Kades-Barnea, das Land zu erkunden, und ich ihm Bericht gab nach meinem Gewissen.

8 Aber meine Brüder, die mit mir hinaufgegangen waren, machten dem Volk das Herz verzagt; ich aber folgte dem HERRN, meinem Gott, treulich.

9 Da schwur Mose desselben Tages und sprach: Das Land, darauf du mit deinem Fuß getreten hast, soll dein und deiner Kinder Erbteil sein ewiglich, darum daß du dem HERRN, meinem Gott, treulich gefolgt bist.

10 Und nun siehe, der HERR hat mich leben lassen, wie er geredet hat. Es sind nun fünfundvierzig Jahre, daß der HERR solches zu Mose sagte, die Israel in der Wüste gewandelt ist. Und nun siehe, ich bin heut fünfundachtzig Jahre alt

11 und bin noch heutigestages so stark, als ich war des Tages, da mich Mose aussandte; wie meine Kraft war dazumal, also ist sie auch jetzt, zu streiten und aus und ein zu gehen.

12 So gib mir nun dies Gebirge, davon der HERR geredet hat an jenem Tage; denn du hast's gehört am selben Tage. Denn es wohnen die Enakiter droben, und sind große feste Städte. Ob der HERR mit mir sein wollte, daß ich sie vertriebe, wie der HERR geredet hat.

13 Da segnete ihn Josua und gab also Hebron Kaleb, dem Sohn Jephunnes, zum Erbteil.

14 Daher ward Hebron Kalebs, des Sohnes Jephunnes, des Kenisiters, Erbteil bis auf diesen Tag, darum daß er dem HERRN, dem Gott Israels, treulich gefolgt war.

15 Aber Hebron hieß vorzeiten Stadt des Arba, der ein großer Mensch war unter den Enakiter. Und der Krieg hatte aufgehört im Lande.

15. Kapitel

Grenzen und Städte des Stammes Juda.

1 Das Los des Stammes der Kinder Juda nach ihren Geschlechtern war an der Grenze Edoms bei der Wüste Zin, mittagwärts, am Ende des Landes gegen Mittag,

2 daß ihre Mittagsgrenze war von der Ecke an dem Salzmeer, das ist, von der Zunge, die mittagswärts geht,

3 und geht aus mittagswärts von der Steige Akrabbim und geht durch Zin und geht hinauf im Mittag von Kades-Barnea und geht durch Hezron und geht hinauf gen Adar und lenkt sich um gen Karkaa

4 und geht durch Azmon und kommt hinaus an den Bach Ägyptens, daß das Ende der Grenze das Meer wird. Das sei eure Grenze gegen Mittag.

5 Aber die Morgengrenze ist das Salzmeer bis an des Jordans Ende. Die Grenze gegen Mitternacht ist von der Zunge des Meers, die am Ende des Jordans ist,

6 und geht herauf gen Beth-Hogla und

zieht sich mitternachtswärts von Beth-Araba und kommt herauf zum Stein Bohans, des Sohnes Rubens,

7 und geht herauf gen Debir vom Tal Achor und wendet sich mitternachtwärts gen Gilgal, welches liegt gegenüber der Steige Adummim, die mittagwärts vom Wasser liegt; darnach geht sie zu dem Wasser En-Semes und kommt hinaus zum Brunnen Rogel;

8 darnach geht sie herauf zum Tal des Sohnes Hinnoms an der Mittagseite des Jebusiters, das ist Jerusalem, und kommt herauf an die Spitze des Berges, der vor dem Tal Hinnom liegt abendwärts, welcher stößt an die Ecke des Tals Rephaim gegen Mitternacht zu;

9 darnach kommt sie von des Berges Spitze zu dem Wasserbrunnen Nephthoa und kommt heraus zu den Städten des Gebirges Ephron und neigt sich gen Baala, das ist Kirjath-Jearim,

10 und lenkt sich herum von Baala gegen Abend zum Gebirge Seir und geht an der Mitternachtseite des Gebirges Jearim, das ist Chesalon, und kommt herab gen Beth-Semes und geht durch

Thimna

11 und bricht heraus an der Seite Ekrons her mitternachtwärts und zieht sich gen Sichron und geht über den Berg Baala und kommt heraus gen Jabneel, daß ihr Ende ist das Meer.

12 Die Grenze aber gegen Abend ist das große Meer. Das ist die Grenze der Kinder Juda umher nach ihren Geschlechtern.

13 Kaleb aber, dem Sohn Jephunnes, ward sein Teil gegeben unter den Kindern Juda, wie der HERR dem Josua befahl, nämlich die Stadt des Arba, des Vaters Enaks, das ist Hebron.

14 Und Kaleb vertrieb von da die drei Söhne Enaks: Sesai, Ahiman und Thalmai, geboren von Enak,

15 und zog von dort hinauf zu den Einwohnern Debirs. Debir aber hieß vorzeiten Kirjath-Sepher.

16 Und Kaleb sprach: Wer Kirjath-Sepher schlägt und gewinnt, dem will ich meine Tochter Achsa zum Weibe geben.

17 Da gewann es Othniel, der Sohn des Kenas, der Bruder Kalebs; und er gab ihm seine Tochter Achsa zum Weibe.

18 Und es begab sich, da sie einzog, beredete sie ihn, einen Acker zu fordern von ihrem Vater. Und sie stieg vom Esel; da sprach Kaleb zu ihr: Was ist dir?

19 Sie sprach: Gib mir einen Segen! Denn du hast mir ein Mittagsland gegeben; gib mir auch Wasserquellen! Da gab er ihr die Quellen von oben und unten.

20 Dies ist das Erbteil des Stammes der Kinder Juda nach ihren Geschlechtern.

21 Und die Städte des Stammes der Kinder Juda von einer Ecke zu der andern, an der Grenze der Edomiter gegen Mittag, waren diese: Kabzeel, Eder, Jagur,

22 Kina, Dimona, Ad-Ada,

23 Kedes, Hazor, Ithnan,

24 Siph, Telem, Bealoth,

25 Hazor-Hadatta, Karioth-Hezron, das ist Hazor,

26 Amam, Sema, Molada,

27 Hazar-Gadda, Hesmon, Beth-Pelet,

28 Hazar-Sual, Beer-Seba, Bisjothja,

29 Baala, Ijim, Ezem,

30 Eltholad, Chesil, Horma,

31 Ziklag, Madmanna, Sansanna,

32 Lebaoth, Silhim, Ain, Rimmon. Das sind neunundzwanzig Städte und ihre Dörfer.

33 In den Gründen aber war Esthaol, Zora, Asna,

34 Sanoah, En-Gannim, Tappuah, Enam,

35 Jarmuth, Adullam, Socho, Aseka,

36 Saaraim, Adithaim, Gedera, Gederothaim. Das sind vierzehn Städte und ihre Dörfer.

37 Zenan, Hadasa, Migdal-Gad,

38 Dilean, Mizpe, Joktheel,

39 Lachis, Bozkath, Eglon,

40 Chabbon, Lahmas, Kithlis,

41 Gederoth, Beth-Dagon, Naema, Makkeda. Das sind sechzehn Städte und ihre Dörfer.

42 Libna, Ether, Asan,

43 Jephthah, Asna, Nezib,

44 Kegila, Achsib, Maresa. Das sind neun Städte und ihre Dörfer.

45 Ekron mit seinen Ortschaften und Dörfern.

46 Von Ekron und ans Meer, alles, was an Asdod und seine Dörfer reicht:

47 Asdod mit seinen Ortschaften und Dörfern, Gaza mit seinen Ortschaften und

Dörfern bis an das Wasser Ägyptens; und das große Meer ist seine Grenze.

48 Auf dem Gebirge aber war Samir, Jatthir, Socho,

49 Danna, Kirjath-Sanna, das ist Debir,

50 Anab, Esthemo, Anim,

51 Gosen, Holon, Gilo. Das sind elf Städte und ihre Dörfer.

52 Arab, Duma, Esean,

53 Janum, Beth-Thappuah, Apheka,

54 Humta, Kirjath-Arba, das ist Hebron, Zior. Das sind neun Städte und ihre Dörfer.

55 Maon, Karmel, Siph, Jutta,

56 Jesreel, Jokdeam, Sanoah,

57 Hakain, Gibea, Thimna. Das sind zehn Städte und ihre Dörfer.

58 Halhul, Beth-Zur, Gedor,

59 Maarath, Beth-Anoth, Elthekon. Das sind sechs Städte und ihre Dörfer.

60 Kirjath-Baal, das ist Kirjath-Jearim, Harabba; zwei Städte und ihre Dörfer.

61 In der Wüste aber war Beth-Araba, Middin, Sechacha,

62 Nibsan und die Salzstadt und Engedi. Das sind sechs Städte und ihre Dörfer.

63 Die Jebusiter aber wohnten zu

Jerusalem, und die Kinder Juda konnten sie nicht vertreiben; also blieben die Jebusiter mit den Kindern Juda zu Jerusalem bis auf diesen Tag.

16. Kapitel

Erbteile der Ephraimiter

1 Und das Los fiel den Kindern Joseph aufgangwärts vom Jordan gegenüber Jericho bis zum Wasser bei Jericho, und die Wüste, die heraufgeht von Jericho durch das Gebirge gen Beth-El;

2 und kommt von Beth-El heraus gen Lus und geht durch zur Grenze des Arachiters gen Ataroth

3 und zieht sich hernieder abendwärts zu der Grenze des Japhletiters bis an die Grenze des niederen Beth-Horon und bis gen Geser; und das Ende ist am Meer.

4 Das haben zum Erbteil genommen die Kinder Josephs, Manasse und Ephraim.

5 Die Grenze der Kinder Ephraim nach ihren Geschlechtern, die Grenze ihres Erbteils aufgangwärts, war Ataroth-Adar

bis zum obern Beth-Horon

6 und geht aus gegen Abend bei Michmethath, das gegen Mitternacht liegt; daselbst lenkt sie sich herum gegen Aufgang gen Thaanath-Silo und geht da durch aufgangwärts gen Janoha

7 und kommt herab von Janoha gen Ataroth und Naarath und stößt an Jericho und geht aus am Jordan;

8 von Thappuah geht sie abendwärts zum Bach Kana; und ihr Ende ist am Meer. Das ist das Erbteil des Stammes der Kinder Ephraim nach ihren Geschlechtern.

9 dazu alle Städte mit ihren Dörfern, welche für die Kinder Ephraim ausgesondert waren unter dem Erbteil der Kinder Manasse.

10 Und sie vertrieben die Kanaaniter nicht, die zu Geser wohnten; also blieben die Kanaaniter unter Ephraim bis auf diesen Tag und wurden zinsbar.

17. Kapitel

Erbteil der andern Hälfte Manasses.

1 Und das Los fiel dem Stamm Manasse, denn er ist Josephs erster Sohn, und fiel auf Machir, den ersten Sohn Manasses, den Vater Gileads, denn er war ein streitbarer Mann; darum ward ihm Gilead und Basan.

2 Den andern Kindern aber Manasses nach ihren Geschlechtern fiel es auch, nämlich den Kindern Abiesers, den Kindern Heleks, den Kindern Asriels, den Kindern Sichems, den Kindern Hephers und den Kindern Semidas. Das sind die Kinder Manasses, des Sohnes Josephs, die Männer, nach ihren Geschlechtern.

3 Aber Zelophehad, der Sohn Hephers, des Sohnes Gilead, des Sohnes Machir, des Sohnes Manasses, hatte keine Söhne, sondern Töchter, und ihre Namen sind diese: Mahela, Noa, Hogla, Milka, Thirza;

4 und sie traten vor den Priester Eleasar und vor Josua, den Sohn Nuns, und vor die Obersten und sprachen: Der HERR hat Mose geboten, daß er uns solle

Erbteil geben unter unsern Brüdern. Und man gab ihnen Erbteil unter den Brüdern ihres Vaters nach dem Befehl des HERRN.

5 Es fielen aber auf Manasse zehn Meßschnüre, außer dem Lande Gilead und Basan, das jenseit des Jordans liegt;

6 denn die Töchter Manasse nahmen Erbteil unter seinen Söhnen, und das Land Gilead war den andern Kindern Manasses.

7 Und die Grenze Manasses war von Asser gen Michmethath, das vor Sichem liegt, und reicht zur Rechten an die von En-Thappuah;

8 denn das Land Thappuah ward dem Manasse; aber Thappuah an der Grenze Manasses ward den Kindern Ephraim;

9 darnach kommt sie herab zum Bach Kana zur Mittagsseite des Bachs, die Städte daselbst sind Ephraims unter den Städten Manasses; die Grenze Manasses aber geht weiter an der Mitternachtseite des Baches und endet am Meer.

10 Dem Ephraim ward's gegen Mittag und dem Manasse gegen Mitternacht, und das Meer ist seine Grenze; und sie sollen stoßen an Asser von Mitternacht

und an Isaschar von Morgen.

11 So hatte nun Manasse unter Isaschar und Asser: Beth-Sean und seine Ortschaften, Jibleam und seine Ortschaften und die zu Dor und seine Ortschaften und die zu Endor und seine Ortschaften und die zu Thaanach und seine Ortschaften und die zu Megiddo und seine Ortschaften und den dritten Teil Nepheths.

12 Und die Kinder Manasse konnten diese Städte nicht einnehmen; sondern die Kanaaniter blieben wohnen in dem Lande.

13 Da aber die Kinder Israel mächtig wurden, machten sie die Kanaaniter zinsbar und vertrieben sie nicht.

14 Da redeten die Kinder Joseph mit Josua und sprachen: Warum hast du mir nur ein Los und eine Schnur des Erbteils gegeben? Und ich bin doch ein großes Volk, wie mich der HERR so gesegnet hat.

15 Da sprach Josua zu ihnen: Weil du ein großes Volk bist, so gehe hinauf in den Wald und haue um daselbst im Lande die Pheresiter und Riesen, weil dir das Gebirge Ephraim zu enge ist.

16 Da sprachen die Kinder Joseph: Das Gebirge wird nicht Raum genug für uns sein, und es sind eiserne Wagen bei allen Kanaanitern, die im Tal des Landes wohnen: bei denen zu Beth-Sean und seinen zugehörigen Orten und bei denen im Tal Jesreel.

17 Josua sprach zum Hause Josephs, zu Ephraim und Manasse: Du bist ein großes Volk; und weil du so groß bist, sollst du nicht nur ein Los haben,

18 sondern das Gebirge soll dein sein, da der Wald ist, den haue um; und er wird dein sein bis an seine Enden, wenn du die Kanaaniter vertreibst, die eiserne Wagen haben und mächtig sind.

18. Kapitel

Stiftshütte zu Silo. Verteilung des noch übrigen Landes. Benjamins Erbteil.

1 Und es versammelte sich die ganze Gemeinde der Kinder Israel gen Silo und richteten daselbst auf die Hütte des Stifts, und das Land war ihnen unterworfen.

2 Und es waren noch sieben Stämme der Kinder Israel, denen sie ihr Erbteil nicht ausgeteilt hatten.

3 Und Josua sprach zu den Kindern Israel: Wie lange seid ihr so laß, daß ihr nicht hingeht, das Land einzunehmen, das euch der HERR, euer Väter Gott, gegeben hat?

4 Schafft euch aus jeglichem Stamm drei Männer, daß ich sie sende und sie sich aufmachen und durchs Land gehen und es aufschreiben nach ihren Erbteilen und zu mir kommen.

5 Teilt das Land in sieben Teile. Juda soll bleiben auf seiner Grenze von Mittag her, und das Haus Josephs soll bleiben auf seiner Grenze von Mitternacht her.

6 Ihr aber schreibt die sieben Teile der Lande auf und bringt sie zu mir hierher, so will ich euch das Los werfen hier vor dem HERRN, unserm Gott.

7 Denn die Leviten haben kein Teil unter euch, sondern das Priestertum des HERRN ist ihr Erbteil. Gad aber und Ruben und der halbe Stamm Manasse haben ihr Teil genommen jenseit des Jordans, gegen Morgen, das ihnen Mose,

der Knecht Gottes, gegeben hat.

8 Da machten sich die Männer auf, daß sie hingingen; und Josua gebot ihnen, da sie hin wollten gehen, das Land aufzuschreiben, und sprach: Gehet hin und durchwandelt das Land und schreibt es auf und kommt wieder zu mir, daß ich euch hier das Los werfe vor dem HERRN zu Silo.

9 Also gingen die Männer hin und durchzogen das Land und schrieben es auf in einen Brief nach den Städten in sieben Teile und kamen zu Josua ins Lager gen Silo.

10 Da warf Josua das Los über sie zu Silo vor dem HERRN und teilte daselbst das Land aus unter die Kinder Israel, einem jeglichen sein Teil.

11 Und das Los des Stammes der Kinder Benjamin fiel nach ihren Geschlechtern, und die Grenze ihres Loses ging aus zwischen den Kindern Juda und den Kindern Joseph.

12 Und ihre Grenze war an der Seite gegen Mitternacht vom Jordan an und geht herauf an der Mitternachtseite Jerichos und kommt aufs Gebirge

abendwärts und geht aus nach der Wüste Beth-Aven

13 und geht von da gen Lus, an der Seite her an Lus mittagwärts, das ist Beth-El, und kommt hinab gen Ataroth-Adar an den Berg, der gegen Mittag liegt von dem niederen Beth-Horon.

14 Darnach neigt sie sich und lenkt sich um zur Seite des Abends gegen Mittag von dem Berge an, der vor Beth-Horon mittagswärts liegt, und endet an Kirjath-Baal, das ist Kirjath-Jearim, die Stadt der Kinder Juda. Das ist die Seite gegen Abend.

15 Aber die Seite gegen Mittag ist von Kirjath-Jearim an und geht aus gegen Abend und kommt hinaus zum Wasserbrunnen Nephthoa

16 und geht herab an des Berges Ende, der vor dem Tal des Sohnes Hinnoms liegt, am Grunde Rephaim gegen Mitternacht, und geht durchs Tal Hinnom an der Mittagseite des Jebusiters und kommt hinab zum Brunnen Rogel

17 und zieht sich mitternachtwärts und kommt hinaus gen En-Semes und kommt hinaus gen Geliloth, das gegenüber der

Steige Adummim liegt, und kommt herab zum Stein Bohans, des Sohnes Rubens,

18 und geht zur Seite hin neben dem Gefilde, das gegen Mitternacht liegt, und kommt hinab aufs Gefilde

19 und geht an der Seite Beth-Hoglas, das gegen Mitternacht liegt, und ihr Ende ist an der Zunge des Salzmeers gegen Mitternacht, an dem Ende des Jordans gegen Mittag. Das ist die Mittagsgrenze.

20 Aber die Seite gegen Morgen soll der Jordan enden. Das ist das Erbteil der Kinder Benjamin in ihren Grenzen umher nach ihren Geschlechtern.

21 Die Städte aber des Stammes der Kinder Benjamin nach ihren Geschlechtern sind diese: Jericho, Beth-Hogla, Emek-Keziz,

22 Beth-Araba, Zemaraim, Beth-El,

23 Avvim, Happara, Ophra,

24 Kaphar-Ammonai, Ophni, Geba. Das sind zwölf Städte und ihre Dörfer.

25 Gibeon Rama, Beeroth,

26 Mizpe, Kaphira, Moza,

27 Rekem, Jerpeel, Thareala,

28 Zela, Eleph und die Jebusiter, das ist Jerusalem, Gibeath, Kirjath. Vierzehn

Städte und ihre Dörfer. Das ist das Erbteil der Kinder Benjamin nach ihren Geschlechtern.

19. Kapitel

Der übrigen sechs Stämme und Josuas Erbteil.

1 Darnach fiel das zweite Los auf den Stamm der Kinder Simeon nach ihren Geschlechtern; und ihr Erbteil war unter dem Erbteil der Kinder Juda.

2 Und es ward ihnen zum Erbteil Beer-Seba, Seba, Molada,

3 Hazar-Sual, Bala, Ezem,

4 Eltholad, Bethul, Horma,

5 Ziklag, Beth-Markaboth, Hazar-Susa,

6 Beth-Lebaoth, Saruhen. Das sind dreizehn Städte und ihre Dörfer.

7 Ain, Rimmon, Ehter, Asan. Das sind vier Städte und ihre Dörfer.

8 Dazu alle Dörfer, die um diese Städte liegen, bis gen Baalath-Beer-Ramath gegen Mittag. Das ist das Erbteil des Stammes der Kinder Simeon nach ihren

Geschlechtern.

9 Denn der Kinder Simeon Erbteil ist unter dem Erbteil der Kinder Juda. Weil das Erbteil der Kinder Juda ihnen zu groß war, darum erbten die Kinder Simeon unter ihrem Erbteil.

10 Das dritte Los fiel auf die Kinder Sebulon nach ihren Geschlechtern; und die Grenze ihres Erbteils war bis gen Sarid

11 und geht hinauf abendwärts gen Mareala und stößt an Dabbeseth und stößt an den Bach, der vor Jokneam fließt,

12 und wendet sich von Sarid gegen der Sonne Aufgang bis an die Grenze Kisloth-Thabor und kommt hinaus gen Dabrath und reicht hinauf gen Japhia,

13 und von da geht sie gegen Aufgang durch Gath-Hepher, Eth-Kazin und kommt hinaus gen Rimmon, Mithoar und Nea

14 und lenkt sich herum mitternachtwärts gen Hannathon und endet im Tal Jephthah-El,

15 und Kattath, Nahalal, Simron, Jedeala und Bethlehem. Das sind zwölf Städte und ihre Dörfer.

16 Das ist das Erbteil der Kinder Sebulon nach ihren Geschlechtern; das sind ihre Städte und Dörfer.

17 Das vierte Los fiel auf die Kinder Isaschar nach ihren Geschlechtern.

18 Und ihr Gebiet war Jesreel, Chesulloth, Sunem,

19 Hapharaim, Sion, Anaharath,

20 Rabbith, Kisjon, Ebez,

21 Remeth, En-Gannim, En-Hadda, Beth-Pazez,

22 und die Grenze stößt an Thabor, Sahazima, Beth-Semes, und ihr Ende ist am Jordan. Sechzehn Städte und ihre Dörfer.

23 Das ist das Erbteil des Stammes der Kinder Isaschar nach ihren Geschlechtern, die Städte und ihre Dörfer.

24 Das fünfte Los fiel auf den Stamm der Kinder Asser nach ihren Geschlechtern.

25 Und ihr Gebiet war Helkath, Hali, Beten, Achsaph,

26 Allammelech, Amead, Miseal, und die Grenze stößt an den Karmel am Meer und an Sihor-Libnath

27 und wendet sich gegen der Sonne

Aufgang gen Beth-Dagon und stößt an Sebulon und an das Tal Jephthah-El mitternachtwärts, Beth-Emek, Negiel und kommt hinaus gen Kabul zur Linken,

28 Ebron, Rehob, Hammon, Kana bis an Groß-Sidon

29 und wendet sich gen Rama bis zu der festen Stadt Tyrus und wendet sich gen Hosa und endet am Meer in der Gegend von Achsib

30 und schließt ein Umma, Aphek, Rehob. Zweiundzwanzig Städte und ihre Dörfer.

31 Das ist das Erbteil des Stammes der Kinder Asser nach ihren Geschlechtern, die Städte und ihre Dörfer.

32 Das sechste Los fiel auf die Kinder Naphthali nach ihren Geschlechtern.

33 Und ihre Grenze war von Heleph, von den Eichen bei Zaanannim an, Adami-Nebek, Jabneel, bis gen Lakkum und endet am Jordan,

34 und die Grenze wendet sich zum Abend gen Asnoth-Thabor und kommt von da hinaus gen Hukkok und stößt an Sebulon gegen Mittag und an Asser gegen Abend und an Juda am Jordan

gegen der Sonne Aufgang;

35 und feste Städte sind: Ziddim, Zer, Hammath, Rakkath, Kinnereth,

36 Adama, Rama, Hazor,

37 Kedes, Edrei, En-Hazor,

38 Jereon, Migdal-El, Horem, Beth-Anath, Beth-Semes. Neunzehn Städte und ihre Dörfer.

39 Das ist das Erbteil des Stammes der Kinder Naphthali nach ihren Geschlechtern, die Städte und ihre Dörfer.

40 Das siebente Los fiel auf den Stamm der Kinder Dan nach ihren Geschlechtern.

41 Und das Gebiet ihres Erbteils waren Zora, Esthaol, Ir-Semes,

42 Saalabbin, Ajalon, Jethla,

43 Elon, Thimnatha, Ekron,

44 Eltheke, Gibbethon, Baalath,

45 Jehud, Bne-Barak, Gath-Rimmon,

46 Me-Jarkon, Rakkon mit den Grenzen gegen Japho.

47 Und an demselben endet das Gebiet der Kinder Dan. Und die Kinder Dan zogen hinauf und stritten wider Lesem und gewannen und schlugen es mit der

Schärfe des Schwerts und nahmen es ein und wohnten darin und nannten es Dan nach ihres Vaters Namen.

48 Das ist das Erbteil des Stammes der Kinder Dan nach ihren Geschlechtern, die Städte und ihre Dörfer.

49 Und da sie das Ganze Land ausgeteilt hatten nach seinen Grenzen, gaben die Kinder Israel Josua, dem Sohn Nuns, ein Erbteil unter ihnen

50 und gaben ihm nach dem Befehl des HERRN die Stadt, die er forderte, nämlich Thimnath-Serah auf dem Gebirge Ephraim. Da baute er die Stadt und wohnte darin.

51 Das sind die Erbteile, die Eleasar, der Priester, und Josua, der Sohn Nuns, und die Obersten der Vaterhäuser unter den Stämmen durchs Los den Kindern Israel austeilten zu Silo vor dem HERRN, vor der Tür der Hütte des Stifts; und vollendeten also das Austeilen des Landes.

20. Kapitel

Verordnung wegen der Freistädte.

1 Und der HERR redete mit Josua und sprach:

2 Sage den Kindern Israel: Gebt unter euch Freistädte, davon ich durch Mose euch gesagt habe,

3 dahin fliehen möge ein Totschläger, der eine Seele unversehens und unwissend schlägt, daß sie unter euch frei seien von dem Bluträcher.

4 Und der da flieht zu der Städte einer, soll stehen draußen vor der Stadt Tor und vor den Ältesten der Stadt seine Sache ansagen; so sollen sie ihn zu sich in die Stadt nehmen und ihm Raum geben, daß er bei ihnen wohne.

5 Und wenn der Bluträcher ihm nachjagt, sollen sie den Totschläger nicht in seine Hände übergeben, weil er unwissend seinen Nächsten geschlagen hat und ist ihm zuvor nicht feind gewesen.

6 So soll er in der Stadt wohnen, bis daß er stehe vor der Gemeinde vor Gericht, und bis daß der Hohepriester sterbe, der

zur selben Zeit sein wird. Alsdann soll der Totschläger wiederkommen in seine Stadt und in sein Haus, zur Stadt, davon er geflohen ist.

7 Da heiligten sie Kedes in Galiläa, auf dem Gebirge Naphthali, und Sichem auf dem Gebirge Ephraim und Kirjath-Arba, das ist Hebron, auf dem Gebirge Juda;

8 und jenseit des Jordans, da Jericho liegt, gegen Aufgang, gaben sie Bezer in der Wüste auf der Ebene aus dem Stamm Ruben und Ramoth in Gilead aus dem Stamm Gad und Golan in Basan aus dem Stamm Manasse.

9 Das waren die Städte, bestimmt allen Kindern Israel und den Fremdlingen, die unter ihnen wohnten, daß dahin fliehe, wer eine Seele unversehens schlägt, daß er nicht sterbe durch den Bluträcher, bis daß er vor der Gemeinde gestanden sei.

21. Kapitel

*Wohnung der Leviten.
Die Verheißung ist erfüllt.*

1 Da traten herzu die obersten Väter unter den Leviten zu dem Priester Eleasar und Josua, dem Sohn Nuns, und zu den obersten Vätern unter den Stämmen der Kinder Israel

2 und redeten mit ihnen zu Silo im Lande Kanaan und sprachen: Der HERR hat uns geboten durch Mose, daß man uns Städte geben solle, zu wohnen, und ihre Vorstädte zu unserm Vieh.

3 Da gaben die Kinder Israel den Leviten von ihren Erbteilen nach dem Befehl des HERRN diese Städte und ihre Vorstädte.

4 Und das Los fiel auf die Geschlechter der Kahathiter, und wurden den Kindern Aarons, des Priesters, aus den Leviten durchs Los dreizehn Städte von dem Stamm Juda, von dem Stamm Simeon und von dem Stamm Benjamin.

5 Den andern Kindern Kahaths aber wurden durchs Los zehn Städte von den Geschlechtern des Stammes Ephraim,

von dem Stamme Dan und von dem halben Stamm Manasse.

6 Aber den Kindern Gersons wurden durchs Los dreizehn Städte von den Geschlechtern des Stammes Isaschar, von dem Stamm Asser und von dem Stamm Naphthali und von dem halben Stamm Manasse in Basan.

7 Den Kindern Meraris nach ihren Geschlechtern wurden zwölf Städte von dem Stamm Ruben, von dem Stamm Gad und von dem Stamm Sebulon.

8 Also gaben die Kinder Israel den Leviten durchs Los diese Städte und Vorstädte, wie der HERR durch Mose geboten hatte.

9 Von dem Stamm der Kinder Juda und von dem Stamm der Kinder Simeon gaben sie diese Städte, die sie mit ihren Namen nannten,

10 den Kindern Aarons, vom Geschlecht der Kahathiter, aus den Kindern Levi; denn das erste Los ward ihnen.

11 So geben sie ihnen die Stadt des Arba, des Vaters Enaks, das ist Hebron auf dem Gebirge Juda und ihre Vorstädte um sie her.

12 Aber den Acker der Stadt und ihre Dörfer gaben sie Kaleb, dem Sohn Jephunnes, zu seinem Erbe.

13 Also gaben sie den Kindern Aarons, des Priesters, die Freistadt der Totschläger, Hebron, und seine Vorstädte, Libna und sein Vorstädte,

14 Jatthir und seine Vorstädte, Esthemoa und sein Vorstädte,

15 Holon und seine Vorstädte, Debir und seine Vorstädte,

16 Ain und seine Vorstädte, Jutta und seine Vorstädte, Beth-Semes und seine Vorstädte, neun Städte von diesen zwei Stämmen;

17 von dem Stamm Benjamin aber gaben sie vier Städte: Gibeon und seine Vorstädte, Geba und seine Vorstädte,

18 Anathoth und seine Vorstädte, Almon und seine Vorstädte,

19 daß alle Städte der Kinder Aarons, der Priester, waren dreizehn mit ihren Vorstädten.

20 Den Geschlechtern aber der andern Kinder Kahath, den Leviten, wurden durch ihr Los vier Städte von dem Stamm Ephraim;

21 sie gaben ihnen die Freistadt der Totschläger, Sichem und seine Vorstädte auf dem Gebirge Ephraim, Geser und seine Vorstädte,

22 Kibzaim und seine Vorstädte, Beth-Horon und seine Vorstädte.

23 Von dem Stamme Dan vier Städte: Eltheke und seine Vorstädte, Gibbethon und seine Vorstädte,

24 Ajalon und seine Vorstädte, Gath-Rimmon und seine Vorstädte.

25 Von dem halben Stamm Manasse zwei Städte: Thaanach und seine Vorstädte, Gath-Rimmon und seine Vorstädte,

26 daß alle Städte der Geschlechter der andern Kinder Kahath waren zehn mit ihren Vorstädten.

27 Den Kindern aber Gerson aus den Geschlechtern der Leviten wurden gegeben von dem halben Stamm Manasse zwei Städte: die Freistadt für die Totschläger, Golan in Basan, und seine Vorstädte, Beesthra und seine Vorstädte.

28 Von dem Stamme Isaschar vier Städte: Kisjon und seine Vorstädte, Dabrath und seine Vorstädte,

29 Jarmuth und seine Vorstädte, En-Gannim und seine Vorstädte.

30 Von dem Stamm Asser vier Städte: Miseal und seine Vorstädte, Abdon und seine Vorstädte,

31 Helkath und seine Vorstädte, Rehob und seine Vorstädte.

32 Von dem Stamm Naphthali drei Städte: die Freistadt für die Totschläger, Kedes in Galiläa, und seine Vorstädte, Hammoth-Dor und seine Vorstädte, Karthan und seine Vorstädte,

33 daß alle Städte des Geschlechts der Gersoniter waren dreizehn mit ihren Vorstädten.

34 Den Geschlechtern aber der Kinder Merari, den andern Leviten, wurden gegeben von dem Stamm Sebulon vier Städte: Jokneam und seine Vorstädte, Kartha und seine Vorstädte,

35 Dimna und seine Vorstädte, Nahalal und seine Vorstädte.

36 Von dem Stamm Ruben vier Städte: Bezer und seine Vorstädte, Jahza und seine Vorstädte,

37 Kedemoth und seine Vorstädte, Mephaath und seine Vorstädte.

38 Von dem Stamme Gad vier Städte: die Freistadt für die Totschläger, Ramoth in Gilead, und seine Vorstädte,

39 Mahanaim und seine Vorstädte, Hesbon und seine Vorstädte, Jaser und seine Vorstädte,

40 daß alle Städte der Kinder Merari nach ihren Geschlechtern, der andern Leviten, nach ihrem Los waren zwölf.

41 Alle Städte der Leviten unter dem Erbe der Kinder Israel waren achtundvierzig mit ihren Vorstädten.

42 Und eine jegliche dieser Städte hatte ihre Vorstadt um sich her, eine wie die andere.

43 Also gab der HERR Israel alles Land, das er geschworen hatte ihren Vätern zu geben, und sie nahmen es ein und wohnten darin.

44 Und der HERR gab ihnen Ruhe von allen umher, wie er ihren Vätern geschworen hatte, und stand ihrer Feinde keiner wider sie, sondern alle ihre Feinde gab er in ihre Hände.

45 Und es fehlte nichts an allem Guten, das der HERR dem Hause Israel verheißen hatte. Es kam alles.

22. Kapitel

Die dritthalb Stämme errichten am Jordan einen Altar, das übrige Volk eifert dagegen, wird aber besänftigt.

1 Da rief Josua die Rubeniter und Gaditer und den halben Stamm Manasse

2 und sprach zu ihnen: Ihr habt alles gehalten, was euch Mose, der Knecht des HERRN, geboten hat, und gehorcht meiner Stimme in allem, was ich euch geboten habe.

3 Ihr habt eure Brüder nicht verlassen eine lange Zeit her bis auf diesen Tag und habt gehalten an dem Gebot des HERRN, eures Gottes.

4 Weil nun der HERR, euer Gott, hat eure Brüder zur Ruhe gebracht, wie er ihnen geredet hat, so wendet euch nun und ziehet hin in eure Hütten im Lande eures Erbes, das euch Mose, der Knecht des HERRN, gegeben hat jenseit des Jordans.

5 Haltet aber nur an mit Fleiß, daß ihr tut nach dem Gebot und Gesetz, das euch Mose, der Knecht des HERRN, geboten hat, daß ihr den HERRN, euren Gott, liebt

und wandelt auf allen seinen Wegen und seine Gebote haltet und ihm anhanget und ihm dient von ganzem Herzen und von ganzer Seele.

6 Also segnete sie Josua und ließ sie gehen; und sie gingen zu ihren Hütten.

7 Dem halben Stamm Manasse hatte Mose gegeben in Basan; der andern Hälfte gab Josua unter ihren Brüdern diesseit des Jordans gegen Abend. Und da er sie gesegnet hatte,

8 sprach er zu ihnen: Ihr kommt wieder heim mit großem Gut zu euren Hütten, mit sehr viel Vieh, Silber, Gold, Erz, Eisen und Kleidern; so teilt nun den Raub eurer Feinde mit euren Brüdern.

9 Also kehrten um die Rubeniter, Gaditer und der halbe Stamm Manasse und gingen von den Kindern Israel aus Silo, das im Lande Kanaan liegt, daß sie ins Land Gilead zögen zum Lande ihres Erbes, das sie erbten nach Befehl des HERRN durch Mose.

10 Und da sie kamen in die Kreise am Jordan, die im Lande Kanaan liegen, bauten die Rubeniter, Gaditer und der halbe Stamm Manasse daselbst am

Jordan einen großen, schönen Altar.

11 Da aber die Kinder Israel hörten sagen: Siehe, die Kinder Ruben, die Kinder Gad und der halbe Stamm Manasse haben einen Altar gebaut gegenüber dem Land Kanaan, in den Kreisen am Jordan, diesseit der Kinder Israel,

12 da versammelten sie sich mit der ganzen Gemeinde zu Silo, daß sie wider sie hinaufzögen mit einem Heer.

13 Und sandten zu ihnen ins Land Gilead Pinehas, den Sohn Eleasars, des Priesters,

14 und mit ihm zehn oberste Fürsten unter ihren Vaterhäusern, aus jeglichem Stamm Israels einen.

15 Und da sie zu ihnen kamen ins Land Gilead, redeten sie mit ihnen und sprachen:

16 So läßt euch sagen die ganze Gemeinde des HERRN: Wie versündigt ihr euch also an dem Gott Israels, daß ihr euch heute kehrt von dem HERRN damit, daß ihr euch einen Altar baut, daß ihr abfallt von dem HERRN?

17 Ist's uns zu wenig an der Missetat über dem Peor, von welcher wir noch auf

diesen Tag nicht gereinigt sind und kam eine Plage unter die Gemeinde des HERRN?

18 Und ihr wendet euch heute von dem HERRN weg und seid heute abtrünnig geworden von dem HERRN, auf daß er heute oder morgen über die ganze Gemeinde Israel erzürne.

19 Dünkt euch das Land eures Erbes unrein, so kommt herüber in das Land, das der HERR hat, da die Wohnung des HERRN steht, und macht euch ansässig unter uns; und werdet nicht abtrünnig von dem Herrn und von uns, daß ihr euch einen Altar baut außer dem Altar des HERRN, unsers Gottes.

20 Versündigte sich nicht Achan, der Sohn Serahs, am Verbannten? und der Zorn kam über die ganze Gemeinde Israel, und er ging nicht allein unter über seiner Missetat.

21 Da antworteten die Kinder Ruben und die Kinder Gad und der halbe Stamm Manasse und sagten zu den Häuptern über die Tausende Israels:

22 Der starke Gott, der HERR, weiß es; so wisse es Israel auch: fallen wir ab oder

sündigen wider den HERRN, so helfe er uns heute nicht!

23 Und so wir darum den Altar gebaut haben, daß wir uns von dem HERRN wenden wollten, Brandopfer und Speisopfer darauf opfern oder Dankopfer darauf tun, so fordere es der HERR.

24 Und so wir's nicht vielmehr aus Sorge darum getan haben, daß wir sprachen: Heut oder morgen möchten eure Kinder zu unsern Kindern sagen: 'Was geht euch der HERR, der Gott Israels, an?

25 Der HERR hat den Jordan zur Grenze gesetzt zwischen uns und euch Kindern Ruben und Gad; ihr habt keinen Teil am HERRN.' Damit würden eure Kinder unsre Kinder von der Furcht des HERRN weisen.

26 Darum sprachen wir: Laßt uns einen Altar bauen, nicht zum Brandopfer noch zu andern Opfern,

27 sondern daß er ein Zeuge sei zwischen uns und euch und unsern Nachkommen, daß wir dem HERRN Dienst tun mögen vor ihm mit unsern Brandopfern, Dankopfern und andern Opfern und eure Kinder heut oder

morgen nicht sagen dürfen zu unsern Kindern: Ihr habt keinen Teil an dem HERRN.

28 Wenn sie aber also zu uns sagen würden oder zu unsern Nachkommen heut oder morgen, so könnten wir sagen: Seht das Gleichnis des Altars des HERRN, den unsere Väter gemacht haben, nicht zum Brandopfer noch zu andern Opfern, sondern zum Zeugen zwischen uns und euch.

29 Das sei ferne von uns, daß wir abtrünnig werden von dem HERRN, daß wir uns heute wollten von ihm wenden und einen Altar bauen zum Brandopfer und andern Opfern, außer dem Altar des HERRN, unsers Gottes, der vor seiner Wohnung steht.

30 Da aber Pinehas, der Priester, und die Obersten der Gemeinde, die Häupter über die Tausende Israels, die mit ihm waren, hörten diese Worte, die die Kinder Ruben, Gad und Manasse sagten, gefielen sie ihnen wohl.

31 Und Pinehas, der Sohn Eleasars, des Priesters, sprach zu den Kindern Ruben, Gad und Manasse: Heute erkennen wir,

daß der HERR unter uns ist, daß ihr euch nicht an dem HERRN versündigt habt in dieser Tat. Nun habt ihr die Kinder Israel errettet aus der Hand des HERRN.

32 Da zogen Pinehas, der Sohn Eleasars, des Priesters, und die Obersten aus dem Lande Gilead von den Kindern Ruben und Gad wieder ins Land Kanaan zu den Kindern Israel und sagten's ihnen an.

33 Das gefiel den Kindern Israel wohl, und lobten den Gott der Kinder Israel und sagten nicht mehr, daß sie hinauf wollten ziehen mit einem Heer wider sie, zu verderben das Land, darin die Kinder Ruben und Gad wohnten.

34 Und die Kinder Ruben und Gad hießen den Altar: Daß er Zeuge sei zwischen uns, daß der HERR Gott sei.

23. Kapitel

Josua versammelt das ganze Israel, um es zu vermahnen.

1 Und nach langer Zeit, da der HERR hatte Israel zur Ruhe gebracht vor allen

ihren Feinden umher und Josua nun alt und wohl betagt war,

2 berief er das ganze Israel, ihre Ältesten, Häupter, Richter und Amtleute, und sprach zu ihnen: Ich bin alt und wohl betagt,

3 und ihr habt gesehen alles, was der HERR, euer Gott, getan hat an allen diesen Völkern vor euch her; denn der HERR, euer Gott, hat selber für euch gestritten.

4 Seht, ich habe euch diese noch übrigen Völker durchs Los zugeteilt, einem jeglichen Stamm sein Erbteil, vom Jordan an, und alle Völker, die ich ausgerottet habe, und am großen Meer gegen der Sonne Untergang.

5 Und der HERR, euer Gott, wird sie ausstoßen vor euch und von euch vertreiben, daß ihr ihr Land einnehmt, wie euch der HERR, euer Gott, geredet hat.

6 So seid nun sehr getrost, daß ihr haltet und tut alles, was geschrieben steht im Gesetzbuch Mose's, daß ihr nicht davon weicht, weder zur Rechten noch zur Linken,

7 auf daß ihr nicht unter diese übrigen Völker kommt, die bei euch sind, und nicht gedenkt noch schwört bei dem Namen ihrer Götter noch ihnen dient noch sie anbetet,

8 sondern dem HERRN, eurem Gott, anhangt, wie ihr bis auf diesen Tag getan habt.

9 Der HERR hat vor euch vertrieben große und mächtige Völker, und niemand hat euch widerstanden bis auf diesen Tag.

10 Euer einer jagt tausend; denn der HERR, euer Gott, streitet für euch, wie er euch geredet hat.

11 Darum so behütet aufs fleißigste eure Seelen, daß ihr dem HERRN, euren Gott, liebhabt.

12 Denn wo ihr euch umwendet und diesen Völkern anhangt und euch mit ihnen verheiratet, daß ihr unter sie und sie unter euch kommen:

13 so wisset, daß der HERR, euer Gott, wird nicht mehr alle diese Völker vor euch vertreiben; sondern sie werden euch zum Strick und Netz und zur Geißel in euren Seiten werden und zum Stachel

in eure Augen, bis daß er euch umbringe hinweg von dem guten Lande, das euch der HERR, euer Gott, gegeben hat.

14 Siehe, ich gehe heute dahin wie alle Welt; und ihr sollt wissen von ganzem Herzen und von ganzer Seele, daß nicht ein Wort gefehlt hat an all dem Guten, das der HERR, euer Gott, euch verheißen hat. Es ist alles gekommen und keins ausgeblieben.

15 Gleichwie nun alles Gute gekommen ist, das der HERR, euer Gott, euch verheißen hat, also wird der HERR auch über euch kommen lassen alles Böse, bis er euch vertilge von diesem guten Land, das euch der HERR, euer Gott, gegeben hat,

16 wenn ihr übertretet den Bund des HERRN, eures Gottes, den er euch geboten hat, und hingeht und andern Göttern dient und sie anbetet, daß der Zorn des HERRN über euch ergrimmt und euch bald umbringt hinweg von dem guten Land, das er euch gegeben hat.

24. Kapitel

Josuas letzter Landtag. Sein und Eleasars Tod. Begräbnis der Gebeine Josephs.

1 Josua versammelte alle Stämme Israels gen Sichem und berief die Ältesten von Israel, die Häupter, Richter und Amtleute. Und da sie vor Gott getreten waren,

2 sprach er zum ganzen Volk: So sagt der HERR, der Gott Israels: Eure Väter wohnten vorzeiten jenseit des Stroms, Tharah, Abrahams und Nahors Vater, und dienten andern Göttern.

3 Da nahm ich euren Vater Abraham jenseit des Stroms und ließ ihn wandern im ganzen Land Kanaan und mehrte ihm seinen Samen und gab ihm Isaak.

4 Und Isaak gab ich Jakob und Esau und gab Esau das Gebirge Seir zu besitzen. Jakob aber und seine Kinder zogen hinab nach Ägypten.

5 Da sandte ich Mose und Aaron und plagte Ägypten, wie ich unter ihnen getan habe.

6 Darnach führte ich euch und eure Väter aus Ägypten. Und da ihr an das

Meer kamt und die Ägypter euren Vätern nachjagten mit Wagen und Reitern ans Schilfmeer,

7 da schrieen sie zum HERRN; der setzte eine Finsternis zwischen euch und die Ägypter und führte das Meer über sie, und es bedeckte sie. Und eure Augen haben gesehen, was ich an den Ägyptern getan habe. Und ihr habt gewohnt in der Wüste eine lange Zeit.

8 Und ich habe euch gebracht in das Land der Amoriter, die jenseit des Jordans wohnten; und da sie wider euch stritten, gab ich sie in eure Hände, daß ihr ihr Land besaßet, und vertilgte sie vor euch her.

9 Da machte sich auf Balak, der Sohn Zippors, der Moabiter König, und stritt wider Israel und sandte hin und ließ rufen Bileam, den Sohn Beors, daß er euch verfluchte.

10 Aber ich wollte ihn nicht hören. Und er segnete euch und ich errettete euch aus seinen Händen.

11 Und da ihr über den Jordan gingt und gen Jericho kamt, stritten wider euch die Bürger von Jericho, die Amoriter,

Pheresiter, Kanaaniter, Hethiter, Girgasiter, Heviter und Jebusiter; aber ich gab sie in eure Hände.

12 Und sandte Hornissen vor euch her; die trieben sie aus vor euch her, die zwei Könige der Amoriter, nicht durch dein Schwert noch durch deinen Bogen.

13 Und ich habe euch ein Land gegeben, daran ihr nicht gearbeitet habt, und Städte, die ihr nicht gebaut habt, daß ihr darin wohnt und eßt von Weinbergen und Ölbäumen, die ihr nicht gepflanzt habt.

14 So fürchtet nun den HERRN und dient ihm treulich und rechtschaffen und laßt fahren die Götter, denen eure Väter gedient haben jenseit des Stroms und in Ägypten, und dient dem HERRN.

15 Gefällt es euch aber nicht, daß ihr dem HERRN dient, so erwählt euch heute, wem ihr dienen wollt: den Göttern, denen eure Väter gedient haben jenseit des Stroms, oder den Göttern der Amoriter, in deren Land ihr wohnt. Ich aber und mein Haus wollen dem HERRN dienen.

16 Da antwortete das Volk und sprach: Das sei ferne von uns, daß wir den

HERRN verlassen und andern Göttern dienen!

17 Denn der HERR, unser Gott, hat uns und unsre Väter aus Ägyptenland geführt, aus dem Diensthause, und hat vor unsern Augen solche große Zeichen getan und uns behütet auf dem ganzen Weg, den wir gezogen sind, und unter allen Völkern, durch welche wir gezogen sind,

18 und hat ausgestoßen vor uns her alle Völker der Amoriter, die im Land wohnten. Darum wollen wir auch dem HERRN dienen; denn er ist unser Gott.

19 Josua sprach zu dem Volk: Ihr könnt dem HERRN nicht dienen; denn er ist ein heiliger Gott, ein eifriger Gott, der eurer Übertretungen und Sünden nicht schonen wird.

20 Wenn ihr aber den HERRN verlaßt und fremden Göttern dient, so wird er sich wenden und euch plagen und euch umbringen, nachdem er euch Gutes getan hat.

21 Das Volk aber sprach zu Josua: Nicht also, sondern wir wollen dem HERRN dienen.

22 Da sprach Josua zum Volk: Ihr seid

Zeugen über euch, daß ihr den HERRN euch erwählt habt, daß ihr ihm dient. Und sie sprachen: Ja.

23 So tut nun von euch die fremden Götter, die unter euch sind, und neigt euer Herz zu dem HERRN, dem Gott Israels.

24 Und das Volk sprach zu Josua: Wir wollen dem HERRN, unserm Gott, dienen und seiner Stimme gehorchen.

25 Also machte Josua desselben Tages einen Bund mit dem Volk und legte ihnen Gesetze und Rechte vor zu Sichem.

26 Und Josua schrieb dies alles ins Gesetzbuch Gottes und nahm einen großen Stein und richtete ihn auf daselbst unter einer Eiche, die bei dem Heiligtum des HERRN war,

27 und sprach zum ganzen Volk: Siehe, dieser Stein soll Zeuge sein über uns, denn er hat gehört alle Rede des HERRN, die er uns geredet hat; und soll ein Zeuge über euch sein, daß ihr euren Gott nicht verleugnet.

28 Also ließ Josua das Volk gehen, einen jeglichen in sein Erbteil.

29 Und es begab sich nach dieser

Geschichte, daß Josua, der Sohn Nuns, der Knecht des HERRN, starb, da er hundertundzehn Jahre alt war.

30 Und man begrub ihn in der Grenze seines Erbteils zu Thimnath-Serah, das auf dem Gebirge Ephraim liegt mitternachtwärts vom Berge Gaas.

31 Und Israel diente dem Herrn, solange Josua lebte und die Ältesten, welche noch lange Zeit lebten nach Josua, die alle die Werke des HERRN wußten, die er an Israel getan hatte.

32 Die Gebeine Josephs, welche die Kinder Israel hatten aus Ägypten gebracht, begruben sie zu Sichem in dem Stück Feld, das Jakob kaufte von den Kindern Hemors, des Vaters Sichems, um hundert Groschen und das der Kinder Josephs Erbteil ward.

33 Eleasar, der Sohn Aarons, starb auch, und sie begruben ihn zu Gibea, der Stadt seines Sohnes Pinehas, die ihm gegeben war auf dem Gebirge Ephraim.